大数据共享机制理论及
平台建设

孙彩萍　著

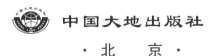

中国大地出版社

·北　京·

图书在版编目（CIP）数据

大数据共享机制理论及平台建设／孙彩萍著. — 北京：中国大地出版社，2021.11
ISBN 978-7-5200-0867-9

Ⅰ．①大… Ⅱ．①孙… Ⅲ．①数据共享—研究②数据处理—研究 Ⅳ．①G258②TP274

中国版本图书馆 CIP 数据核字（2021）第 217148 号

DA SHUJU GONGXIANG JIZHI LILUN JI PINGTAI JIANSHE

策划编辑：李　颖
责任编辑：刘　迪
责任校对：王　瑛
出版发行：中国大地出版社
社址邮编：北京市海淀区学院路 31 号，100083
电　　话：（010）66554528（邮购部）；（010）66554609（编辑室）
网　　址：www.chinalandpress.com
印　　刷：北京地大彩印有限公司
开　　本：787mm×960mm　1/16
印　　张：9
字　　数：180 千字
版　　次：2021 年 11 月北京第 1 版
印　　次：2021 年 11 月北京第 1 次印刷
书　　号：ISBN 978-7-5200-0867-9
定　　价：43.00 元

目　　录

第1章 科学数据共享发展

1.1 数据共享历史

  数据共享是指一个或更多用户使用其他组织而非自己产生的数据。数据共享支持数据接入和交换，并通过数据上下文和数据描述标准化实现共享。科学数据资源作为信息化建设的基础条件和促进科技竞争的重要手段，已逐渐成为一个国家科技创新、科技发展、科技管理和科技产业化的重要基础性工作。实施科学数据共享，是一个国家实现科技成果产业化的必经之路[1]。数据共享始于政府信息公开，随着互联网发展和信息技术的不断进步，得到了飞速的发展。

  1966 年美国发布了《信息自由法》，规定了政府各级机构有向公众提供行政数据的义务，并指出"政府信息公开是原则，不公开是例外"，成为政府数据公开的里程碑。早期数据共享局主要以传统馆藏文献的方式进行，通过分类、编目提供查询服务，再通过馆内/馆际借阅、复印等服务实现数据共享。可共享的内容多为法规、标准、图书、期刊等纸质内容，以政府图书馆或情报资料中心作为实施组织。

  20 世纪 90 年代，互联网进入发展初期，已接入 150 多个国家的上亿台主机，服务用户 8000 万人，实现兆亿字节的数据传递，提供远程登录服务、文件传送服务，在此背景下，大型的商用数据共享——联机检索系统成为科研部门有偿获取数据共享的手段。以 Dialog 国际联机检索信息服务系统为例，其在近 100 个国家有 10 多万个终端用户，可提供 380 个数据库的数据检索和下载服务，收录的科研数据主要是大型的索引工具，如 CA（化学文摘）、EI（工程索引），后期增加了经济类、新闻类数据，并提供全文服务[2]。同一时期世界各国政府、国际组织完成互联网注册，开通政府网站，通过政府网站提供数据共享也逐渐成为政务信息共享的主要手段。以 1997 年发布的美国数据官方网站 Fed-stats. gov 为例，其可提供全方位的官方统计信息、100 余个政府机构主页的链接，可提供经济、人口趋势、教育、公共卫生等方面的数据等[3]。

我国于 1994 年接入互联网，1997 年中国科技网（CSTNet）接入国际互联网，接入终端 2 万多台，服务用户 5 万多家，可提供科学数据库、863 科技成果库、农业综合信息资源库、图书文献与科技文摘数据库服务，以及国家自然科学基金会信息服务等[4]。1999 年我国启动政府上网工程，到 2006 年政府网站体系基本形成，地方和中央各级政府网站开通率分别达到 81% 和 96%，使政务信息共享和标准化建设进入快车道。进入 21 世纪后，随着国家信息网络的基础设施建设蓬勃开展，特别是科技网、教育和科研网、金桥网等专业数据共享网络建设，为科学数据共享可持续深入发展提供了优质的物质资源保障。另一方面，同期开展的科学数据共享工程，从国家层面为我国科学数据共享良性发展框架和长远目标制订了规划实施方案，通过这项工程，把我国不同领域的科学数据中心和共享服务网有机地整合起来，形成国家科学数据共享服务体系，推进我国科学数据共享管理的跨越式发展，增强科技创新力。

数据共享的可持续发展离不开互联网和信息技术的支撑。一是互联网为数据共享提供基础环境支持。互联网的发展主要体现在组网技术、通讯协议、技术开源社区等方面。早期主要采用 IPV4 组网，以计算机互联网为主，随着 IPV6 的推广和实施，互联网已经进入泛在物联发展阶段，可以实现海量级的终端加入，终端类型也从最初的 PC 局限扩展到社会生产设备和人类生活设施的方方面面，致使数据源异常丰富和极快肿胀，年生产数据资源总和迅速达到 ZB 级。二是互联网具有不断完善的通讯协议组，通过 TCP/IP、FTP、HTTP 等数据传输协议组网，实现端到端无缝连接，数字传输速率迅速从 KB/s 达到 MB/s、GB/s 级别的跨越，借此构建的信息高速公路，打破了数据共享的获取技术壁垒，使数据共享成为一种通用性、人人可见的知识型消费。三是专业社区发展。在互联网上有许多以某一行业、领域、技术、产品等为主要兴趣点的自组织、松散型、国际或区域的小型社会类群，如各种知识型社区和开源社区（如 CSDN、GitHub），为各类信息及技术的分类、应用、开发、推广和普及提供了一种现代化的、高效的、自组织的发展模式，从社会层面推动了数据公开和共享的良性循环。

信息技术主要是为数据共享提供物质基础，包括数据的加工、存储和服务调用。伴随数据共享的需求不断多样化，数据共享的类型、数量、方式、模式都发生了显著改变，而不断进步的信息技术则为其提供了良好的解决方案。早期的关系型数据库以二维表的形式存储数据，易于理解，对事务操作友好，是通用信息系统的存储方案；2005 年 HDFS 和 MapReduce 的发布，为大数据、异构数据的存储和应用提供了经济性、组合式的解决方案，其中极具里程碑的分布式部署和并行计算技术保证了大数据（PB 及以上）存储和应用的高效性；云技术的到来通过统一资源（软硬件）生产和消费的方式，解决了困扰中小企业在信息化发展中普遍存在的基础设施薄弱、人才队伍匮乏的掣肘，为社会性的数据共享局面及其可持续发展提供了模块化、多样化的方案支撑。

2017 年以来，我国大数据总体规模增速在 20% 以上，有 60% 以上的组织和企业开展了包括数据资产管理、智慧决策等大数据技术研究与应用，2018 年数据资源总量达到 7.6ZB，预计 2025 年将增至 48.6 ZB。在数字化转型的大背景下，大数据的多维属性为各行各业发展动力提供了全新视角，相应大数据发展也从技术优先向数据优先转移。大数据时代的创新越来越依赖于大量、系统、高可信度的数据。此外，海量数据还引发了科学研究方法论的变革。2018 年《科学数据管理办法》发布，将科学数据的共享和利用纳入法制轨道，以"开放为常态、不开放为例外"为原则，拔掉"数据烟囱"，补齐科学数据管理短板，促进协同创新。2018 年 2 月，生态环保领域的首个科研数据共享平台——大气环境科学综合采集与共享平台上线。该项目受"总理基金"资助，为大气重污染成因与治理攻关项目的 200 多家科研机构和京津冀 7 省（市）提供大气环境科学数据采集和共享服务，标志着生态环境大数据共享服务的开端。

1.2 科学数据共享的管理政策

科学数据共享的管理政策既包括管理法规也包括发展规划。从管理法规上来讲，主要围绕科学数据的所有权，根据主体关系的不同，自顶向下制定相应的数据共享法律法规、管理办法、实施细则。综合世界各国的数据共享管理及发展趋势，主要执行横纵两个层面的管理。在横向层面，依据科学数据主体关系的不同制定相应的管理法规；在纵向层面，在国家法律原则下，由行业和部门制定具体行业数据共享政策和管理办法。在数据所有权层面，主体关系主要为三类：一是政府数据，又称政务数据；二是非营利性单位在受国家资助项目进程中的产出数据；三是营利性单位产出的数据。针对这三类数据，国际社会普遍出台政府（务）信息公开和科学数据管理等相关法规进行有效管理。在共享管理政策中，又对数据所有权、数据责任、隐私保护、有偿使用进行了相对统一的规定，但是对于数据知识产权、数据共享绩效关注度不高。

在国家层面，我国分别于 2008 年、2016 年、2018 年颁布了《中华人民共和国政府信息公开条例》《政务信息资源共享管理暂行办法》《科学数据管理办法》3 个法规文件。2008 年发布的《中华人民共和国政府信息公开条例》是我国有关数据共享的首个法规，该法规对信息公开管理体制、信息发布协调机制、信息保密审查、主动公开政府信息、依法公开政府信息、监督保障、公共企业事业单位的信息管理等进行了全面的规定。在该《条例》中，明确将公共企事业单位的信息公开纳入本部门（单位）信息公开工作的总体部署，对公共企事业单位的信息公开进行推动和深化。2021 年，该《条例》发布了修订版，进一步规定"教育、卫生健康、供水、供电、供气、供热、环境保护、公共交通等与人民群众利益密切相关的公共企事业单位，公开在提供社会公共服务过程中制作、获取的信息，依照相关法律、法规和国务院有关主管部门或者机构的规定执行。全国政府信息公开工作主管部门根据实际需要可以制定专门的规定"，为构建行业数据共享的垂直管理体系提供了法律支持。

2016 年颁布的《政务信息资源共享管理暂行办法》中，定义政务资源来自政务部门，直接或通过第三方依法采集的、依法授权管理的和因履行职责需要依托政务信息系统形成的信息资源等。对政务资源提出的共享原则是"以共享为原则、不共享为例外，需求导向、无偿使用，统一标准、统筹建设，建立机制、保障安全"。该《暂行办法》规定，公民依法申请的共享信息资源的处理周期是 10 个工作日。国务院各部门、地方各级政府依据该办法，密集出台了本部门和行业的政务信息资源共享管理办法，如交通部、农业部、各省（直辖市）政府等。与此同时，政务信息资源的共享原则及共享程序为科学数据的共享管理办法迅速出台提供了法理依据。

2018 年 3 月 17 日颁布的《科学数据管理办法》，依据《政务信息资源共享管理暂行办法》《中华人民共和国科学技术进步法》《中华人民共和国促进科技成果转化法》制定，确立了"开放为常态、不开放为例外"的共享原则，首次明确了国务院科学技术行政部门、国务院相关部门、省级人民政府相关部门、科研院所、高等院校和企业等法人单位、科学数据中心在科学数据管理（包括开放共享）的职责。规定科学数据主要包括自然科学、工程技术科学等领域，通过基础研究、应用研究、试验开发等产生的数据，以及通过观测监测、考察调查、检验检测等方式取得并用于科学研究活动的原始数据及其衍生数据，所有政府预算资金支持开展的科学数据采集生产、加工整理、开放共享和管理使用等活动适用本办法。

在部门层面，2006 年科技部颁布了《国家科技计划项目科学数据汇交暂行办法（草案）》，对国家科技计划项目产生的科学数据的管理，保护科学数据汇交人及共享人的合法权益，提供了政策保障和操作依据。在行业层面，2001年中国气象局率先发布了《气象资料共享管理办法》，该《办法》共分五章二十五条，涉及共享资料的提供、共享的组织、罚则。首先，共享的组织排他性，即共享由各级气象主管机构负责共享气象资料提供的单位进行；其次，将共享用户分为三类，气象系统内用户、有科研合作的事业单位、经营性活动，依据用户类型执行无偿、有偿两类；再次，对共享后的数据流向进行了规定，不得非授权传播，并依照不同违规情况制定了罚则；最后，对共享的数据集和指标进行了较详细的规定。其后，《林业科技文献数据共享技术规范》《水利科学数据共享管理办法（试行）》《地球系统科学数据共享标准规范》纷纷发布。2020 年水利部发布了《水利信息资源共享管理办法（试行）》，为水利信息资源共享提供了准则和依据，对推进智慧水利、加快提升水利网信水平具有重要意义。水利资源共享的目标除了保障水利资源共享且可持续外，主要目的是摸清水利信息资源家底，破解"资源不清"的难题，这一点特别具有普适性意义，各行业在一定程度上都普遍存在家底不清的问题。

在数据共享发展规划层面，进入 21 世纪后，前 10 年是科学数据共享迅速发展的阶段。2001 年我国启动了科学数据共享工程，这是一项将各行业、各部门的科学数据资源纳入国家科学数据共享系统框架的宏伟工程，其目标是到 2010 年在资源环境、农林、医药、材料、能源、交通、信息、先进制造与自动化、基础科学等领域以及针对国家重大科技计划和重点地区，构建 50 个左右的科学数据中心或科学数据网，最终形成面向社会统一、透明的科学数据服务体系。2002 年，科学技术部在资源调查和战略研究的基础上，向国务院提交了《关于加强国家科技基础条件平台建设的意见》。同年，经国务院批准，科技部与发改委、财政部、教育部等有关部门联合启动了国家科技基础条件平台建设重点领域试点项目。在 3 年试点工作的基础上，2005 年科技部和财政部正式启动国家科技基础条件平台建设专项。2004 年 7 月，国务院办公厅发布了《2004—2010 年国家科技基础条件平台建设纲要》。2005 年 7 月，科技部、发改委、财政部、教育部联合发布了《"十一五"国家科技基础条件平台建设实施意见》。2006 年《国家中长期科学和技术发展规划纲要（2006—2020 年）》颁布，指出科技投入和科技基础条件平台是科技创新的物质基础，是科技持续发展的重要前提和根本保障，明确提出要加强科技基础条件平台建设并建立科技基础条件平台的共享机制。2009 年，技术创新服务平台工作启动，国家科技基础条件平台门户——中国科技资源共享网正式开通。2011 年，首批国家科技平台进入运行服务阶段。据 2009 年统计，科学数据共享工程整合共享了 24 个部门跨领域超过 250 亿元国家投入产生的数据资源，为国家 973、863、科技攻关、自然基金等重大项目和工程提供基础数据支撑，有力地促进了我国科技创新和社会发展。

其后，我国将数据共享和大数据定位于国家发展战略，密集发布一系列管理政策、规划等。2015 年 9 月，国务院印发《促进大数据发展行动纲要》，提出发展目标之一——在 2018 年底前建成国家政府数据统一开放平台，政府数据开放正式上升成为国家战略。聚焦政府信息共享与数据开放，挖掘政府现有公共数据潜力和提升创新发展能力，全面提升社会治理能力。在《中共中央关于制定国民经济和社会发展第十三个五年规划的建议》中，明确要求"实施国家大数据战略，推进数据资源开放共享"。2017 年 5 月，国务院办公厅发布《政务信息系统整合共享实施方案》，促进共享，推进接入统一数据共享交换平台。加快建设国家电子政务内网数据共享交换平台，完善国家电子政务外网数据共享交换平台，开展政务信息共享试点示范，研究构建多级互联的数据共享交换平台体系，促进重点领域信息向各级政府部门共享。2017 年 9 月底前，依托国家电子政务外网数据共享交换平台，初步提供公民、社会组织、企业、事业单位的相关基本信息，同时逐步扩大信息共享内容，完善基础信息资源库的覆盖范围和相关数据标准。各地方政府、行业主管部门也纷纷推出本地区、本行业、本系统的数据共享管理政策，全面、有序、高速推进数据共享各方面建设。

1.3　科学数据共享的建设标准

科学数据共享坚持"管理规范、标准现行"。科学数据共享的建设及实施是一个复杂的系统工作，涉及数据共享通用业务、科研专业领域服务、软件工程等三大领域。因此，需要参照执行的标准和技术指南也分为三大类。科学数据共享工程历经 10 年的建设，完成了共享标准体系的奠基，先后完成 23 项标准的编制以及一批管理办法，各部门和各行业参照上述标准完成各自业务标准的制定和实施。《科学数据共享工程技术标准 标准体系及参考模型》于 2004 年发布，2005 年陆续发布了《公用数据元目录》《元数据标准》《科学数据分类与编码方案》等三类通用标准。根据《科学数据共享工程技术标准 标准体系及参考模型》（SDS/T 1001.1—2004），科学数据共享标准分为指导标准、通用标准和专有标准三大类。其中，指导标准主要阐述科学数据共享标准化的总体需求、概念、组成和相互联系，使用的基本原则和方法等；通用标准是指科学数据共享过程中共性的相关标准，如数据类标准、服务类标准和管理建设类标准；专用标准是指各部门、行业根据通用标准制定的符合本部门、本行业数据共享需求的技术标准。各类标准间内容及关系见表 1.1。

表 1.1　科学数据共享标准体系表

标准类别			标准名称
指导标准			标准体系及参考模型
			标准化指南
			科学数据共享概念及术语
			标准一致性测试
通用标准	数据	元数据	元数据标准化基本原则和方法
			元数据内容
			元数据的 XML/XSD 置标规则
		分类与编码	科学数据分类编码原则与方法
			科学数据分类与编码
		数据内容	数据元目标
			数据元标准化原则与方法
			数据模式描述原则和方法
			数据交换格式设计原则
			数据图示表达规则和方法
			空间框架数据标准
	服务	数据发现	数据元注册与管理
			目录服务规范
			数据与服务注册规范
		数据访问	数据访问服务接口规范
			元数据检索和提取协议
			Web 服务应用规范
		数据表示	数据可视化服务接口规范
		数据操作	数据分发服务指南与规范
			信息服务集成规范
	管理和建设	管理	质量管理规范
			数据发布管理规则
			运行管理规定
			信息安全管理规范
			共享效益评价规范
			工程验收规范
		建设	科学数据中心建设规范
			科学数据网建设规范

续表

标准类别		标准名称
专用标准	气象、测绘、水文、地震、林业、农业、医学、海洋等	元数据内容
		数据分类与编码
		数据模式
		数据交换格式
		数据元目录
		数据图示表达规范

各行业部门也根据上述标准发布本行业的数据共享专用标准，但主要集中在通用标准"元数据、分类与编码、交换格式"等项。在数据图示表达规范中对于空间制图陆续发布了行业的制图规范。在生态环保领域，先后发布了几十项数据共享规范和指南文件，覆盖环境信息术语、分类、编码、数据采集、加工、交换、数据库建设、网络建设及管理等全流程，以统一、规范信息化及数据共享建设，部分标准见表1.2。2014年依托《电子政务信息共享互联互通平台技术指南》，生态环境部编制并发布了《环境信息共享互联互通平台总体框架技术规范》（HJ 718—2014），该规范对环境信息共享平台的基础架构、数据集成模式、应用集成方法、流程协同、管理监控及安全支撑方式等进行了概念统一，定义了主要工作内容（表1.2）。

表1.2 生态环境领域数据共享部分标准规范

序号	类型	标准（规范）名称	标准编号
1	基础	环境信息化标准指南	HJ 511—2009
2		环境信息术语	HJ/T 416—2007
3	元数据	环境信息元数据规范	HJ 720—2017
4	分类与编码	环境信息分类与代码	HJ/T 417—2007
5		排污单位编码规则	HJ 608—2017
6		大气污染物名称代码	HJ 524—2009
7		燃料分类代码	HJ 517—2009
8		燃烧方式代码	HJ 518—2009
9	数据	环境信息数据字典规范	HJ 723—2014
10		环境数据集说明文档格式	HJ 722—2014

续表

序号	类型	标准（规范）名称	标准编号
11	服务	环境数据集加工汇交流程	HJ 721—2014
12		环境信息系统数据库访问接口规范	HJ 719—2014
13		环境信息交换技术规范	HJ 727—2014
14		环境基础空间数据加工处理技术规范	HJ 724—2014
15		环境空间数据交换技术规范	HJ 726—2014
16		环境污染源自动监控信息传输、交换技术规范（试行）	HJ/T 352—2007
17		环境信息系统集成技术规范	HJ/T 418—2007
18	管理与建设	环境信息共享互联互通平台总体框架技术规范	HJ 718—2014
19		环境信息网络建设规范	HJ 460—2009
20		环境信息网络验收规范	HJ 725—2014
21		环境信息网络管理维护规范	HJ 461—2009
22		环境信息安全测试与评估技术规定	征求意见稿
23		环境信息系统测试与验收规范—软件部分	HJ 728—2014
24		环境数据库设与运行管理规范	HJ/T 419—2007
25	未发布	污染源监督性监测数据元技术规定	征求意见稿
26		环境信息服务注册技术规定	征求意见稿
27		环境信息共享资源发布和使用技术规定	征求意见稿
28		环境信息系统项目文件管理技术规定	征求意见稿
29		环境信息安全测试与评估技术规定	征求意见稿
30		环境信息能力建设技术规定	征求意见稿
31		环境信息应用系统运行管理维护技术规定	征求意见稿
32		污染源在线监控数据元技术规定	征求意见稿
33		环境统计数据元技术规定	征求意见稿
34		污染源编码	征求意见稿
35		环境信息数据仓库系统技术规定	征求意见稿
36		环境信息系统安全技术规范	征求意见稿
37		环境身份认证技术规定	征求意见稿
38		环境数据加密技术规定	征求意见稿
39		环境数据访问技术规定	征求意见稿

2020 年我国发布了三项政务数据共享技术标准，分别是《信息技术 大数据 政务数据开放共享 第 1 部分：总则》（GB/T 38664.1—2020），《信息技术 大数

据 政务数据开放共享 第 2 部分：基本要求》（GB/T 38664.2—2020）、《信息技术 大数据 政务数据开放共享 第 3 部分：开放程度评价》（GB/T 38664.3—2020），为政务信息资源的全面开放提供了标准化的操作依据。地方政府如广东、山东、上海、贵州、江西、江苏等也发布了本地方的政务数据共享标准。

科学数据共享建设是软件工程项目，软件工程建设环节众多，从需求调研开始，经历需求建模、需求分析、系统分析、系统结构设计、系统代码设计、系统测试、系统交付、上线部署、系统维护等阶段，各环节都需要严格遵守计算机信息技术标准规范进行。软件工程开发标准（部分）见表1.3。

表1.3 软件工程开发相关标准（部分）

序号	标准名称	标准编号
1	计算机软件需求规格说明规范	GB/T 9385—2008
2	软件开发与文档编制	SJ 20778—2000
3	计算机软件可靠性和维护性管理	GB/T14394—2008
4	信息技术 软件工程术语	GB/T 11457—2006
5	信息技术 程序设计语言 环境与系统软件接口 独立于语言的数据类型	GB/T 18221—2000
6	信息技术 软件工程 CASE 工具的采用指南	GB/Z 18914—2014
7	信息技术 计算机制图和图像处理 可扩展 3D（X3D）语言汇编 第 2 部分：Java	ISO/IEC19777—2—2008
8	信息技术 数据库语言 SQL 第 13 部分：使用 JavaTM 程序设计语言的 SQL 例行程序和类型	ISO/IEC9075—13—2008
9	信息技术 SQL 第 2 部分：使用 JAVATM 程序语言的 SQL 类型	ANSI NCITS331.2—2000
10	信息技术 基于计算机的软件系统的性能测量与评级	GB/T 30975—2014
11	信息技术 软件生存周期过程	GB/T 8566—2007
12	信息技术 软件生存周期过程 配置管理	SJ 20823—2002
13	信息技术 软件安全保障规范	GB/T 30998—2014
14	信息技术 软件维护	SJ 20822—2002
15	软件工程 软件工程知识体系指南	GB/Z 31102—2014
16	软件工程 开发方法元模型	GB/T 26239—2010
17	软件工程 软件生存周期过程用于项目管理的指南	GB/Z 20156—2006
18	系统和软件工程 生存周期管理 过程描述指南	GB/T 30999—2014
19	系统与软件工程 用户文档的设计者和开发者要求	GB/T 32424—2015

续表

序号	标准名称	标准编号
20	系统与软件工程 验证与确认	GB/T 32423—2015
21	软件工程 软件评审与审核	GB/T 32421—2015
22	系统与软件工程 软件组合测试方法	GB/T 38639—2020
23	系统与软件工程 性能测试方法	GB/T 39788—2021
24	系统与软件工程 系统与软件质量要求和评价（SQuaRE）第 1 部分：SQuaRE 指南	GB/T 25000.1—2021
25	系统与软件工程 系统与软件质量要求和评价（SQuaRE）第 51 部分：就绪可用软件产品（RUSP）的质量要求和测试细则	GB/T 25000.51—2016
26	系统与软件功能性 第 3 部分：测试方法	GB/T 29831.3—2013
27	系统与软件工程 软件测试 第 3 部分：测试文档	GB/T 38634.3—2020

1.4 存在问题

虽然科学数据共享经历了 20 多年的发展，但因整体缺乏顶层设计和驱动机制，统筹管理相对薄弱，各领域"数据孤岛"和"数据烟囱"仍普遍存在，导致科学数据在开发利用、开放共享和安全保护等方面存在明显不足[5]。应借鉴国际"观念先行、法令同步、组织有序、技术保障"的成功做法，由主管机关推动开放数据的实施，拟定开放数据的相关政策法规，并制定细化管理制度监管开放数据的实行。通过建立跨部门、高效的组织体系和工作机制，提升顶层设计和共享协调推进能力。

（1）数据确权的问题。数据是国家的战略资源、企业的商业资产，科研数据除一次性观测数据外，更多是二次分析数据，凝聚了研究人员的研究成果。不当数据共享或不规范数据共享，可能会造成数据的无授权扩散和使用，导致数据所有权流失，不仅损害国家、行业的利益、知识产权保护，如果是企业数据，还会造成商业机密泄露。虽然我国在数据共享上出台了许多国家、行业、地方的法规，但配套实施的法规细则比较少。因此，需要建立并健全有关数据共享的法律法规，包括数据确权、数据隐私保护、数据知识产权保护、公益性资源监管、数据产品定价机制、数据交易制度等相应的法规和实施细则等，使数据共享能实现有法可依，创建规范、有序的数据共享和开发利用环境。

（2）数据共享标准化问题。我国各行业、各领域数据共享都取得了巨大的发展和进步，数据互连互通，实现数据为政务打通、产业赋能早已成为全民共识。随着大数据和信息化技术的发展，数据共享的范围、领域、规模、内容、技术日趋多样化。数据共享模式也已经摆脱了一对一和一对多的模式，而向多对多模式转变。面对如此复杂的共享环境，数据标准化问题日益突出。数据由一系列数据集构成，而数据集的最小组成是指标，指标的最小粒度是原子指标。鉴于现有数据标准化的现状，即使在一个企业内部也鲜见统一数据标准化管理机制，因此数据共享更关注解决行业、组织内部从数据集到原子指标标准不统一、不兼容的问题。

（3）数据共享绩效的问题。合理的绩效机制对数据共享产出的行业、科研和企业发展效能进行定性、定量的评价，也是数据共享类项目进行全方位保障的重要措施。目前在科研领域，国家数据共享平台的评价指标体系多聚焦于数据的集成和传播，而对数据的二次开发利用以及对行业、科研的驱动提及不够。加快对国家、行业、企业和科研的战略发展，驱动机构、企业规划目标早日实现是数据共享的生命力和魅力所在，因此，需要从顶层设计出发，面向业务驱动，建立定性和定量的绩效评估体系并使其规范化，通过实行分类的共享绩效评估制度保证数据共享能落到实处，促进社会整体的数字化发展。

（4）数据共享技术集成的问题。数据共享中的数据早已由二维的数据向五维的多媒体数据发展，随着5G和大数据技术的发展，数据共享需要处理海量、多维的数据，数据服务也从查询、下载向在线实时计算、算法开发转型；跨行业、跨部门的多方数据共享模式也对数据的安全、网络的安全提出更加严苛的要求；系统的迭代周期也越来越短，从最早的数月到现在以周计的开发周期更能符合大数据多场景、多业务快速分析的需求。因此，传统的数据存储和开发框架早已经远不能满足现代化高性能共享平台建设需要，亟需进行大数据相关开发技术储备和应用能力建设。

第2章　美国联邦政府企业架构框架及应用

2.1　联邦政府企业架构框架产生及生态相关

1987 年，John Zachman 发表了《信息系统架构框架》（*A Framework for In-formation System Sarchitecture*）一文，首次提出"信息系统架构框架"概念，即采用一个逻辑的企业架构蓝图来定义和管理企业中各系统和组件的集成，并从信息、流程、网络、人员、时间、基本原理等 6 个角度来分析架构，提出了语义、概念、逻辑、物理、构件和功能等 6 个模型。这篇论文被奉为企业级信息系统架构框架理论的开山之作。

企业架构是指通过抽象视图来反映企业各个范围和不同细节的文档和信息集合，并支撑企业战略和决策应用。需要注意的是，此处企业非实指某一经济体，而是涵盖国际、国家、政府、组织、机构或其内部任一部分的通称。全文也秉持这一概念。无论从组织架构、组织职能，还是从其服务对象的角度来审视，美国联邦政府都是极为复杂的组织系统，因而如何站在美国联邦政府这一全局角度来考虑企业架构所面对的问题是极具挑战的。

1996 年，美国《克林格-科恩法案》（*Clinger-Cohen Act*）（原名《信息技术管理改革法案》）要求各个机构开发和维护信息技术架构，从而使政府内部的信息技术应用能够带来更多收益。为了更好地执行该法案，美国联邦政府总统管理和预算办公室（OMB）随后颁布了法案的实施指南，指南要求各级机构的信息系统投资应同联邦、机构和司局的信息技术架构相一致。在这一要求之下，1998 年 4 月，美国联邦政府首席信息官委员会（CIO）着手开发联邦政府企业架构框架（Federal Enterprise Architecture Framework，FEAF），旨在促进联邦政府各部门和其他政府实体之间的信息共享、互操作以及通用业务过程的共享开发。1999 年 9 月，联邦政府企业架构框架 1.1 版正式发布。联邦政府企业架构框架总体由三部分组成，分别是合作方法论（Collaborative Plan-ning Methodology）、综合参考模型（Consolidated Reference Model）、附录（Ap-pendix）。在附录中，对综合参考模型中的 6 个模型进行了全面介绍，包括模型的目的、结构及组成、模型分类、与其他模型的关联、模型最佳实践及面临挑战等内容[6]。

联邦政府企业架构框架是指导联邦企业架构（FEA）开发且统一的集成工具，其说明了架构开发的一般过程。与其他商用架构相比，联邦政府企业架构框架是将美国联邦政府作为一个整体而开发的信息架构方法论，并在此基础上建立和维护适合联邦政府自身的企业架构，从而能够促进政府部门之间的信息整合和共享，提高整个联邦政府在信息化投资方面的效率。这一思想在付诸实行后历经多年演进最终结晶为联邦企业架构。2012 年 5 月发布的《联邦企业架构通用方法》是联邦政府首席信息官委员会政策指南和管理工具的一部分，是联邦机构开发和使用企业架构的整体方法论，其主要通过采用标准化架构开发和标准化应用等手段，组织高效率开发，增强 IT 服务交付和共享能力。该通用方法论由消除 IT 项目浪费和重复建设、增加共享服务、缩小绩效差距以及促进政府、行业和公民之间的互动等章节组成。联邦政府企业架构框架为《联邦企业架构通用方法》的落地实施，提供了一组标准化工具。

联邦政府企业架构框架核心是综合参考模型（CRM），其为美国联邦政府总统管理和预算办公室以及联邦机构提供了通用的语言和框架来描述和分析投资。综合参考模型由一组相互关联的"参考模型"组成，涉及企业发展战略、业务、数据、应用、技术、安全等领域。通过联邦政府企业架构框架可以促进跨机构的企业信息化建设分析，发现信息化项目重复投资、厘清信息化建设差距以及识别机构内部和跨机构信息化合作的机会。应用综合参考模型，联邦政府可以直观地看到最高组织级别的战略目标及为达成目标所需软件、硬件等基础设施的能力。总体而言，这些参考模型组成的框架是以一种通用且一致的方式来描述联邦机构信息化的重要因素。需要注意的是，在组织具体开发时，需要按照综合参考模型框架提交一组核心开发工单，工单类型、组成由机构的具体业务需求、应用标准、开发周期和可用资源来定。

企业架构开发的价值在于适应未来，让政府变得更高效。通常采用流程来描述企业架构现在状态和未来发展愿景，以便于制定过渡计划。机构还要发布路线图，清晰记录该部门现在和未来的架构状态，用于制定快捷、高效的信息建设发展计划。路线图包括面向企业架构的工单列表及不同工单的版本进化项，同时制定开发计划。上述措施既利于在机构内部公开项目，促进项目建设共识，实现项目可见性和透明性，又能促进跨组织的合作和计划。将机构发展战略映射到项目和预算，不但可以发现项目投资与执行之间的差距，也可识别项目之间的依存关系和风险。

综上，联邦政府企业架构框架通过提供标准化方法、分析和报告工具、企业路线图以及可重复使用架构项目方法，帮助加快机构业务转型，更加敏捷地开发和加快新技术应用。

2.2　合作方法论

联邦政府企业架构框架是在美国联邦政府层面信息系统建设和资源割裂的背景下产生的，因此，要求该框架一是必须可被各机构方便地采用，二是不能影响到各机构已有的信息架构和资源建设，从而有效保护投资和工作基础。为此，联邦政府企业架构框架提出著名的分片架构（Segement Architecture）概念。分片架构方法的宗旨是企业架构开发中采用增量开发模式，首先把一个整体（如组织、业务职能等）进行逻辑拆分，形成若干个片段，其中每个片段被限定在一个特定的业务领域内，然后再采用传统企业架构方法对每个分解出来的片段架构进行建设，实现增量式的分片架构开发。在分片式的架构开发中，由于建设单元被细化，联邦企业架构对外界变化的反应能力得到了提升。分片式开发也维护企业架构框架在长期演变进程中的完整性。与此同时，虽然分片式架构开发相对每个片段而言难度下降，但是如何维持各片段间在整体中的关联性、一致性、协调性、平衡性就成为重点和难点。

合作方法论是下一代联邦分片架构方法论。作为替代方法论，合作方法论比前者更灵活，应用范围更广，涵盖更多的规划学科。在顶层设计上，合作方法论被开发成适用于联邦企业架构通用方法的全部规划计划、项目生命周期，以及各种层级的组织使用，包括国际、国家、联邦、部门、机构、分区、系统和应用等。合作方法论是一个简单的、可重复的过程，其由集成的、多学科的分析及针对性建议组成。整个过程由发起者、利益相关者、计划者和实施者共同协作完成。该方法包括主要步骤以及为组织规划人员制定的详细指南。需要明确指出，架构只是该方法论中规划方法之一，之后其他规划方法将继续与通用方法相结合，为各级组织提供统一合作方法。

2007 年 11 月，联邦企业架构项目管理办公室发布了《联邦政府总体架构实践指南》，为联邦政府总体架构应用提供了一个标准的改进过程：

（1）识别信息化建设现状（基准架构）、目标架构（未来发展规划）和升级主体。

（2）建立增量式开发机制，梳理面向目标规划的优先级需求，区分核心任务、业务支撑服务和通用服务分块，并在此基础上制定架构的模块式开发策略。

（3）建立业务绩效驱动的目标模块架构，根据联邦政府企业架构框架分别映射到业务、数据、应用、技术、安全等领域，划分模块的任务和主要考核指标。

（4）制订实施方案和投资方案，根据机构目标架构和模块开发内容，制订实施方案，编写预算，严格执行预算的各项内容和要求。

（5）编写项目监管计划，对项目的周期、工作内容、工作目标、工作进度等进行严格监管，以保证项目顺利实施。

（6）执行。

（7）绩效评估，以业务驱动和业务改进为评估宗旨，看项目是否促进机构提升服务能力，是否对机构的 IT 投资管理、项目管理和具体业务运作起到积极的影响。评估结果将作为改进企业架构的参考。

合作方法论为改进过程提供了标准的实施路线图。主要包括两大环节，分别是组织和计划、实施和评估，共包括五大步骤：

第一步：确定和验证。主要确定和评估实现的目标、改变的主要因素，由利益相关方和操作方一起定义、验证，优先考虑任务和目标。在这一环节，利益相关方的需求和操作方的要求都要进行验证、评估，保障各方能互相理解、通力合作。最后，达成以下共识：①确定和验证项目需求；②提出一套总体绩效指标；③确定监管方，负责监督和批准满足建设要求的项目方案制定和修改。

第二步：研究和利用。这一步主要是评估并确定组织和服务供应商。本着共享优先这一原则，主要是查找先前服务与现在服务需求存在相关的供应商，包括可以重新用于新需求的商业模型、政策、技术方案、服务等。这样做的重要考虑是利于资金节流和架构快速迭代。需要输出的：规划人员、赞助商和使用者对其他组织的经验和结果均有完整的了解，由发起人或监管方来确定是否有相关的经验可以被采用并作为此次计划的重要组成部分。当有其他组织也有同样规划时，双方可以结成伙伴关系来协同推进双方计划。

第三步：定义和制定计划。制定综合计划，要求按第一步中确定需求进行调整，调整涉及框架中的一项或全部：战略、业务、数据、应用程序、基础设施或安全性。综合计划规定了要做什么、何时完成、成本是多少、如何衡量成功以及要考虑的重大风险。此外，综合计划包括项目进度时间表，重点显示项目能获得的收益、预计完成时间以及评估收益的方案。除了综合计划外，该步也要完成架构、资本规划、安全、记录管理、预算、人力资本和绩效合规等文件的制定，并交由发起人和治理层考虑和批准。

第四步：投资和执行。根据综合计划完成投资决策，并制定投资方案，投资方案包括为达成已定义需求而必需的全部经费。如果投资未获批准，发起人、利益相方需要重新审查前述步骤及工作内容，进行计划调整以重新申请投资。

需要重申的是，在执行预算期间，已经制定的综合计划可能会发生各种变化，包括但不限于政策变更、组织变更、技术变更、流程变更和资源变更等。

第五步：执行和评估。主要是使用项目开发的新功能，重点是采用绩效评估矩阵（第一步定义）进行项目收益评价。规划者可能并不掌握实际的绩效数据，但通过可用的绩效数据开展已实现功能的项目预期和规划绩效评估。绩效反馈可用于未来规划制定，或根据需要迅速用于调整计划和实施建议。但这些改变通常由治理层来考虑。

2.3 综合参考模型

2.3.1 综合参考模型概述

随着美国联邦政府的信息化建设目标和 IT 发展，综合参考模型经历了十余年的演进，其模型组成发生了很大的变化。从早期的 5 个参考模型演进为 6 个模型。早期的 5 个模型分别为绩效参考模型、业务参考模型、服务组件参考模型、技术参考模型、数据参考模型。2013 年第 2 版联邦政府企业架构框架综合参考模型变成 6 个（图 2.1），分别为绩效参考模型（Performance Reference

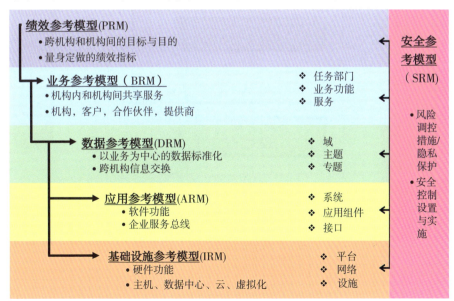

图 2.1 综合参考模型组成

Model，PRM）、业务参考模型（Business Reference Model，BRM）、数据参考模型（Data Reference Model，DRM）、应用参考模型（Application Reference Model，ARM）、基础设施参考模型（Infrastructure Reference Model，IRM）和安全参考模型（Security References Model，SRM）。从上文可以看出，原来的服务组件参考模型和技术参考模型被取代，数据参考模型由最后移到业务参考模型之后，新增了应用参考模型、基础设施参考模型和安全参考模型，充分反映了当前联邦企业架构信息化建设的重点和核心目标。图2.2可以看出综合参考模型中6个模型在联邦企业架构和信息化中的关系和作用。

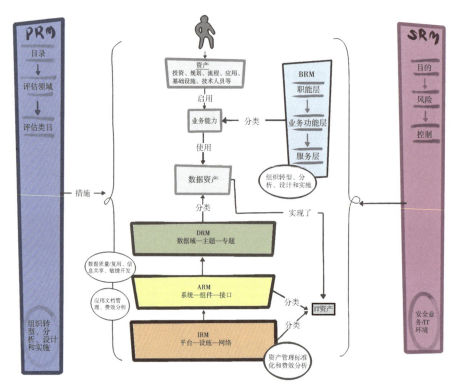

图 2.2 综合参考模型关系图

（制图人：苏然）

联邦政府企业架构框架的综合参考模型为美国联邦政府总统管理和预算办公室以及联邦机构提供了描述和分析投资的通用语言和框架。它由一套相互关联的参考模型组成，旨在促进跨机构分析和战略目标的达成。

2.3.2 绩效参考模型

绩效参考模型位于整个联邦政府企业架构框架的最顶端，表明业务驱动、绩效管理是整个联邦企业架构所关注的最终目标。绩效参考模型自顶向下分为三个层级，第一个层级为目标层，第二个层级为评估领域层，第三个层级为评估类目层，形成了一个完整的、闭环的、全域的绩效评估体系框架，为整个联邦政府信息投资和建设提供了一套面向政府战略目标实现、具有可比性和通用性的评估体系。

实际上，早期的绩效参考模型提出的三级评估指标，分别为评估类别（Measurement Category）、通用评估指标（Generic Measurement Indicator）和操作性评估指标（Operationalized Measurement Indicator），更侧重于评估的可操作性；而 2013 年第 2 版三级评估体系自顶向下分为三层：目标（Goals）、评估领域（Measurement Area）和类目（Measurement Category），更加聚焦政府机构的发展战略和职能目标，突出企业架构对促进实体发展的绩效性。

在第一层目标层，包括优先目标、战略目标、跨机构的优先目标。第二层为评估领域，联邦政府企业架构框架第 1 版中为六大领域，分别是使命和业务成效评估、对用户成效的评估、对业务流程及活动的评估、对人力资本的评估、对技术的评估以及对其他固定资本的评估；第 2 版评估领域更加细化，发展为 13 个领域：与用户的关系、服务和产品、成效、合规监管和立法、商务流程、信息流程、管理流程、安全与隐私、通讯、处理效率、性能质量、信息、技术等。在第三层评估类目中包括 62 个类目，分别对应 11 个评估领域，见表 2.1。

表 2.1 绩效参考模型评估领域与对应的子类表

评估领域	类目数量	评估类目
用户关系	7	用户期望、用户投诉、用户问题解决、用户影响或负担、用户租赁、用户教育、用户使用
服务和产品	6	服务/产品范围、服务/产品质量、服务/产品获得性、服务响应、服务/产品价值、服务/产品对用户的影响或负担
成效	5	投资回报、税收、资源使用率、资产使用率、生产率
合规、监管和法治	5	管理合规、政策、风险、监管、法律
商务流程	4	服务成本、产品成本、节约成本、成本规避
信息流程	2	信息共享和分析、信息管理

续表

评估领域	类目数量	评估类目
管理流程	11	法规管理、法律管理、公共物品的生产和管理、战略和绩效管理、财务管理、人力资源管理、采购管理、信息技术管理、资产管理、原材料管理、库存控制
安全和隐私	4	信息安全、设施安全、个人安全、隐私安全
通讯	2	公共事务、立法关系
处理效率	4	进度安排、资源配置、时间表、资源消耗
绩效质量	5	投诉、故障、改进、创新、质量保证
信息	2	信息质量、信息完整性
技术	5	技术可靠性、技术可得性、响应时间、技术能力、漏洞
总计	62	—

绩效参考模型将机构发展战略、内部业务组成和投资有机联系在一起，为评估投资对战略目标的影响提供了一种标准化方法。绩效参考模型旨在提供投资或机构与联邦政府制定的活动和战略远景的关系。在采用绩效参考模型进行绩效评估时，必须要说明联邦政府企业架构投资对实现其战略目标的关系、贡献，严格按照相关要求从任务交付和管理支撑等方面进行说明。作为 Exhibit 300 投资建议的一部分，联邦机构应采用绩效参考模型来描述机构投资与其战略目标间的关系。需要细述投资活动对 Exhibit 300A SectionB 中规定的联邦机构任务交付及管理支撑功能的具体贡献，认清投资对机构战略架构的贡献及其与机构战略规划中所述绩效目标的联系。需要说明的是，使用绩效参考模型代码既可以确保机构投资的绩效评估与联邦政府发布的机构战略目录保持一致，也可以发现最相关的绩效评估类目，可以更充分地利用预期的绩效收益。与此同时，还需要确保绩效评价的均衡性，可覆盖多个评估类目。通常采用 IT 仪表板方式，通过绩效矩阵来显示投资绩效报告，在时间上，可按月、季度、半年和年来报告投资结果。

绩效参考模型与其他参考模型间的关系是其输出一个绩效矩阵，分别评估业务绩效（业务参考模型）、数据和信息管理绩效（数据参考模型）、应用绩效（应用参考模型）、基础设施绩效（基础参考模型）和安全绩效（安全参考模型）。

绩效参考模型价值的核心是采用视图概念，自底向上依次勾画推动要素输入—前瞻性指标输出—战略性成果输出。通过绩效参考模型，可以分析低层级工作对机构战略目标达成的贡献，跟踪较低级别的投资和活动可能达成的高层级成果。

推动要素输入流程：通过业务参考模型和 Perfomance. gov 确定绩效域—确定参与方（外部机构合作、内部机构合作、跨机构合作）—输入绩效域的功能项（机构预算、参与者角色和贡献）—关键推动要素（人力资源、信息技术、固定资产、金融资产）—推动要素输入。

前瞻性指标输出流程：以推动要素作为输入项，分析过程和活动的目标和对象、利益相关者和用户的目标和对象，识别绩效输出域—分析过程和活动输出指标、利益相关者和用户输出指标，识别绩效输出指标—作为前瞻性指标输出。

战略性成果输出流程：以前瞻性指标作为输入项，分析机构使命和任务价值、用户的目标和对象，识别绩效成果域—绩效输出指标（机构使命和任务价值、用户的成果指标），作为战略性成果输出。

使用绩效参考模型选择绩效指标或审查当前投资绩效指标的第一步，是将投资说明、项目里程碑和功能指标相互比较，以确保它们之间相互补充，保证它们叙述的是同一件事，以让审查者充分理解投资的总体情况。在描述里程碑和绩效指标时，要加强计划支出与投资和计划内容的相关性，并展示取得的成果。所有投资人必须提供两种基本类型的运营绩效指标，即"特定于结果"和"特定于技术"。针对具体结果的措施应加强叙述该类技术取得的实质性收益。如果一项新功能将显著减少完成特定客户服务所需的时间，则需要在叙述中强调计划的业务周期时间减少，并在投资绩效指标中予以加强。如果一项新技术功能将导致电子工作量的显著增加，则应在基础设施预算中说明并相应地增加所需的基础设施。特定于技术的措施应能洞悉投资的技术成本动因，或提供有关其绩效合理性的信息。如当以全容错性能作为首要需求进行投资时，绩效评估要以该投资是否按所需的可用标准执行来进行评价。

2.3.3　业务参考模型

业务参考模型是从政府职能视角（而非机构视角）提出一种旨在厘清联邦政府业务线的框架，它围绕联邦政府的共同业务范围展开描述，打破了部门和机构的界限，避免政府机构之间彼此独立、各自为政，以促进各级机构之间的协作。业务参考模型分三个层级，自顶向下分别为职能层、业务功能层和服务层。

职能层：位于顶层，按企业框架的通用方法，将联邦政府划分为十大职能域，分别是国防和安全、外交和贸易、经济和金融、教育与劳动力、能源和技术、环境和自然资源、健康与福利、法律与正义、交通运输和航空航天、通用职能。

业务功能层：位于第二层，采用美国联邦政府总统管理和预算办公室通告A-11中的联邦预算功能分类代码，总述联邦政府的业务，在组织结构上将职能层进行逐项细分，共计40项，其中，国防和安全细分为国土安全、情报行动和国防建设；外交和贸易细分为国际事务和国际贸易；经济和金融细分为社区和社会服务、经济发展；教育与劳动力细分为教育和劳动力管理；能源和技术细分为能源、技术和科学研究；环境与自然资源细分为环境管理和自然资源；健康与福利细分为健康和收入保障；法律与正义细分为惩教活动、司法和诉讼、执法；交通运输和航空航天细分为航天和研究、交通运输。通用职能包括20项，分别为管理联邦援助/权利，机构规划、预算和执行，分析和统计，业务管理服务，中央政府运作，合作，通讯，客户服务/关系，金融管理，人力资源管理，信息管理，信息共享，信息技术管理，信息/网络安全管理，财产和资产管理，公共价值创造，文献管理，汇报，联邦政府服务发布支持，可视化等。

服务层：位于业务参考模型的第三层，在二级或组件水平上进一步细述联邦业务，共计120项。以信息共享为例，向下细分为12项服务，分别为信息发现、企业研究、合作工具、信息交换和转移、一致性管理、数据挖掘、数据交换、数据仓库、元数据管理、数据恢复、社区管理、信息映射/分类和目录管理等。每项服务具有三段位编码，首字母为B，表示业务；其后为第一段，由两位数字（01~10）组成，表示10项政府职能；第二段位为3位数字，表示功能编码；第三段位由3位数字组成，表示服务编码。如数据交换服务的编码为B10.811.601，其中811是隶属上级业务功能编码，601是本服务编码。

综上，业务参考模型将整个联邦政府职能采用统一分类进行了标准化的划分。通过职能、业务功能、服务三层将联邦政府的主要业务流和业务活动进行逻辑分解。分块开发对应的是业务参考模型中业务功能的所有服务层。通常有三类分块：核心使命领域分块、业务支撑服务分块和机构通用服务分块。核心使命领域分块（Coremission-area Segment）是定义机构使命或目标的唯一业务领域，例如对于联邦健康与公共服务部（HHS）来说，"健康"就是一个核心使命领域分块；业务支撑服务分块（Business-services Segment）包含的是那些支持核心使命领域的通用或共享的业务服务，例如财务管理、人事管理；机构通用服务分块（Enterprise Service Segment）包括了支持核心使命领域和业务性服务的通用或共享的IT服务，例如文件管理、会议管理、安全管理等。联邦企业架构参考模型中对业务功能的划分是静态且稳定的，而分块和分块架构则是与业务功能对应的一种动态概念，是各机构根据每年的工作目标和重点划定的。联邦企业架构对各机构如何分块不做强制要求（仅提供指导），只要求与参考模型相匹配，体现了稳定性和灵活性的结合。

业务参考模型是从对共同（公共、一般）任务和所提供的服务领域的分类法角度而不是从组织架构的角度来描述组织，从而促进机构内和机构间的合作。业务参考模型是一种对联邦政府业务功能的分类方法，其通过采用标准化的业务功能可促进跨政府部门的业务功能整合。业务参考模型也可以使业务和 IT 主管发现节省资金和为实现战略目标而挖掘新业务能力的机会。通过目标导向及对功能和服务的测评等方法，业务参考模型告诉我们要做什么。业务参考模型与其他模型的关系见表 2.2。

表 2.2　业务参考模型与其他模型的关系

主模型	模型间关系	其他模型
业务参考模型	描述战略和业务功能间的关系	绩效参考模型
	报告数据需求，识别重复的数据和信息以及缺口	数据参考模型
	识别复用和共享的机会，寻找改善应用程序组合的方法	应用参考模型
	识别整合机会，了解新技术需求	基础设施参考模型
	描述安全业务流程，提供 FIPS199 安全分类的输入，识别用户以告知访问权限	安全参考模型

业务参考模型可与多种架构、开发方法、分析方法相结合，提供复杂的、标准化的设计、开发和治理能力。以下举例说明业务参考模型与其他方法的相结合应用。

（1）业务体系结构决策支持：业务参考模型提供了用于开发业务体系结构的功能基础。业务体系结构包含组织目标、对象、政策、组织结构、业务功能和流程以及业务规则和策略及其之间的关系等信息。它还可能包括与其他体系结构层（如数据、应用程序、技术和安全性）的关系，以构成全面的企业体系架构。提供从开发"视角"（投入—产出—成果），分析组织如何实现其业务目标，并确定实现战略目标所需服务可能存在的差距和冗余。通过定义特定组织的战略，绩效和业务职能之间的关系，业务体系结构可以显示职能的相对绩效以及每个组织的职能是否支持战略目标。

（2）业务流程模拟：业务流程建模是所有活动的核心部分，这些活动导致对联邦职能的有效管理。建模是一种行之有效的、公认的工程技术。因为模型是对现实的简化，所以模型可以提供对正在开发系统的更多理解。业务流程建模和注释（BPMN）、统一建模语言（UML）应用广泛。业务流程建模和注释让业务分析人员可以创建表达力强且足够丰富的流程图，以解决诸如异常处理之类的复杂业务问题。业务流程语言（BPEL）支持流程编排和整理。业务流程编排（Choreography）是使用 XML 和 Web 服务以自动化方式执行独立业务流程，而编排则是这些自动化流程的安排和同步。

2.3.4　数据参考模型

数据参考模型是通过数据描述、数据背景、数据共享等领域中实现标准化，以促进联邦政府能够跨机构识别、使用和共享数据和信息。数据参考模型的主要特点就是将数据分类与业务参考模型相联系，利用业务关联（Business Context）的概念识别数据存在的业务环境，如来源、含义等。数据参考模型按三级组成，自顶向下划分为数据域、主题和专题。

第一层是数据域，包括任务支持数据、企业支持数据、指南数据、资源数据四项。任务支持数据是指由企业生产和使用，并且与企业主要目的相一致且具有唯一性的数据，包括援助类数据、案例类数据、运输类数据、健康数据、任务支持活动数据、科学数据等。企业支持数据是指实现企业共同目的或法人目的创建或使用的数据类别，该类数据是可供绝大多数企业使用的典型数据，并可支持更多的企业活动。企业支持数据包括通讯、企业支持活动数据、保护数据等。指南数据由企业活动中的管理数据、控制规章数据和指导数据组成，需要注意的是，上述数据具有通用性，并不限定于特定任务。指南数据包括权威（法律授权）数据、风险数据、度量数据、定位数据、控制规章、计划数据等。资源数据由企业在执行任务时使用的有关各方、地点、对象和想法的数据组成，但这些数据并不是该任务所独有的，具体包括资产数据、业务资源、商品交易、主题数据、项目数据、自然资源、党派团体等。

在四个主题域数据中，任务支持数据涉及的主题和专题类最多，下面以其为例对其主题、专题数据进行介绍，以期揭示数据参考模型的数据分类（层）的理论。在任务支持数据中，第一项主题数据为援助类数据，是指通过许可、特权、资金、商品或服务转移等方式用于促进或增强各方福祉的资源类数据，在专题层包括权益、索赔、补助金、保险、国际援助、贷款、权利等。

案例类数据为第二项主题数据，其是指由某一团体或多个团体在法律、临床医学或科学研究中生产的案例类数据，用于上述各领域的结果或行动方案的制定，前提是需要保证数据获取的合规性。案例类数据的专题层包括权益案例、临床医学案例、科学案例、商业诉讼等。

运输类数据是第三项主题数据，是用来描述商业流程和异地运输方式的数据。运输类数据在专题层包括航空运输、航海运输、地面运输、交通等，在专题层各类数据是由相关设备和基础设施在设计、开发、生产、运行和使用等生命周期产生的数据组成。

健康数据是第四项主题数据，是指与疾病、医疗或临床服务、流程相关的数据。在专题层包括残疾（精神/身体）数据、全球医学数据、健康状况数据、健康纪律数据、医疗保健数据等。

任务支持活动数据为第五项主题数据，是指为完成一项任务或实现一个目的，由各方在行动、功能、联系、关系、结果等方面提供所需支持的数据集合。在专题层细分为商业数据、自然保护数据、建筑数据、官方部署数据、外交数据、选举数据、审计数据、执法数据、知识产权、研究数据、重大事件数据、突发事件数据、安全数据、监管数据等。

科学数据是第六项主题数据，是由科学研究产生的知识沉淀或知识组织的数据。在专题层细分为生物科学、地球科学、能源科学、环境科学、信息科学、海洋科学、材料科学等，突出用实际知识解决问题的能力数据。在该专题层，包括信息科学数据，定义其为描述跨学科科学的数据，主要涉及信息和知识的分析、收集、分类、操作、存储、检索及传播等。

数据参考模型与其他模型的关系见表 2.3。

表 2.3　数据参考模型与其他模型的关系

主模型	模型间关系	其他模型
数据参考模型	通过数据源的关系分析寻找战略合作机会	绩效参考模型
	通过数据共享改善业务流程和提高决策绩效	业务参考模型
	提供权威数据源，通过数据元素的关系发现不同业务系统的关系	应用参考模型
	识别技术基础设施需求	基础设施参考模型
	提供 FIPS199 安全分类输入、电子认证评估、隐私域值分析	安全参考模型

数据参考模型是提供数据描述、数据分类和数据共享的标准化方法，借此促进在机构边界层面的核心信息发现和交换。鉴于参考模型是从实践中提炼出的抽象框架，这种自带的抽象属性允许各机构在实践中采用不同的实现手段、方法和技术，但同时要与数据参考模型的基本原则保持一致。数据参考模型的主要目的是促进整个联邦政府共同识别、使用和适当共享数据和信息。数据参考模型是灵活且标准化的框架，借助标准化描述、发现通用数据和促进信息统一管理实践，实现信息共享和复用。数据描述提供了统一的描述数据方法，有助于数据发现和共享。传统数据描述集中在组织和描述结构化数据上，为应对政府机构数据管理中非结构化数据这一最大挑战，数据参考模型描述组件已被

修订面向更大的元数据主题，包括传统结构化数据和非结构化数据。借助数据参考模型可以实现如下功能：①发现数据孤岛；②准确理解数据的含义；③找到访问数据方法的途径；④发挥数据的平衡作用来支持目标达成。

对某一个机构而言，数据参考模型分类法可用于其一项具体业务功能核心数据资源（如数据库、数据仓库、文档）分类。数据参考模型分类不是一成不变的，相反它是灵活可变的，随着联邦政府业务模式的变化，可添加新主题和新专题。数据参考模型的分类核心思想不仅包括域、主题和专题的划分与管理，也允许机构按自己所需和实际业务流程进一步分解专题（Topic）。

数据上下文是为增加理解而提供的附加信息，通常以表、层或树结构组织的术语形式来表达，也被称为目录法或分类法。数据目录的两种应用场景：一是建立数据资产目录。机构可按下述方法生成数据资产目录：①数据资产清单，为每一项数据资产收集数据模型或结构数据；②将数据资产特征与数据参考模型分类法相匹配；③将结果保留到数据资产目录中。数据目录可以减少实施变更的时间和成本，主要是通过缩短寻找到所需数据时间、标识可归档的冗余数据资源、识别重用或扩大数据资源而非生成新数据资源等来实现。数据资产目录也是企业数据清单的基础，该清单列出并描述了政府信息化系统中所有机构的数据资产，并且符合美国联邦政府总统管理和预算办公室"政府信息实施资产管理"政策的要求。二是信息发现和查询。通过将机构中的任一数据资源映射到数据目录分类，可以让用户发现所需信息，而不需要知道信息在哪甚至信息是否存在。发现和查询功能正是使用数据目录分类法来找到用户所需数据的。

综上，数据参考模型为机构提供了在整个政府中如何使用现有数据资产的指南，与此同时增加了联邦政府利用信息作为战略资产的能力。这种可参考的概念方法实现了整个联邦政府间的信息共享和复用。

2.3.5 应用参考模型

应用参考模型对与系统和应用程序相关的标准和技术进行了分类，这些标准和技术支持服务功能的交付，使机构可以共享和复用通用的 IT 技术解决方案，并从规模经济中受益。

为达到综合参考模型目标，应用定义为：在基础硬件上的软件组件（包括网址、数据库、邮件和其他支持软件），当需要汇总和管理时，可用于创造、使用、共享、存储数据和信息以支持业务功能。应用参考模型由不同类型软件、组件和接口组成。它对支持业务或自定义支持业务的软件进行分类。需要明确的一点是，应用参考模型不包括操作系统、硬件和运维软件（如 firmware），也不含系统的特定任务分类，上述信息可由业务参考模型映射获得。

应用参考模型自顶向下建设三层目录：系统层、应用组件层和接口层。

第一层为系统层，是信息技术、数据和相关资源的集合，用于信息的采集、处理、维护、使用、共享、传播或分配，完成具体的业务流程。应用参考模型的系统层分类不包括特定任务系统，具体包括采集系统、用户服务、应急管理、财务管理、拨款管理、劳动力管理、人力资源管理、司法、人身安全、财产和资产管理、安全管理、系统管理等。

第二层为应用组件层，是指独立软件，可扩展（集成）或可配置，辅助实现多个不同任务的目标，如工作流管理、文献管理、记录管理，以及其他类型组件可以支持多个 IT 系统和业务流程，具体包括分析、报告和统计，数据管理，开发环境和工具，文献和内容管理，地理空间信息，知识发现和管理，中间件，流程自动化和管理，生产力，安全控制，统一交流与协作，可视化，Web 接入等。

第三层为接口层，是不同系统信息传输协议。具体包括程序接口。

应用参考模型与其他模型的关系见表 2.4。

表 2.4　应用参考模型与其他模型的关系

主模型	模型间关系	其他模型
应用参考模型	发现可通过程序共享和复用提升战略绩效的机会	绩效参考模型
	告知业务流程改进和新建业务能力的机会	业务参考模型
	发现数据存储和交换需求	数据参考模型
	发现技术基础设备需求	基础设施参考模型
	识别合法产品并提供特定资产清单	安全参考模型

应用参考模型为分类应用程序及其组件奠定基础。随着各级机构将其现有或规划中的信息系统映射到应用参考模型的分类中，应用程序孤岛和冗余就会越发明显，有助于识别共享程序应用许可。如果将应用参考模型与其他参考模型相结合使用，可更快地识别这些共享的机会，以降低 IT 建设成本。

每个机构都有自己的传统和现代化信息系统组合。尽管人们普遍认为信息系统存在重复项，但很难识别出来。将机构的信息系统和应用组件映射到应用参考模型中，产生可查询的数据集，从而无需手工采集数据。这种分析可能会导致合并同一应用实例，把需要续签的多个许可授权变成一个适用整个机构的许可授权，或选择适用整个机构的独立的云解决方案，甚至修改业务流程以启用共享系统。

2.3.6 基础设施参考模型

基础设施参考模型对与网络/云相关的标准和技术进行了分类，以支持并实现语音、数据、视频和移动服务组件和功能的交付。基础设施定义如下：由软硬件和发布平台组成的通用平台，其上可部署具体或自定义的功能（解决方案、应用程序）。基础设施参考模型基础架构是基于分类法的参考模型，对 IT 基础设施和托管 IT 基础设施的设备和网络进行分类。

基础设施参考模型自顶向下分为域、子域和类别三层。在第一层域级，分类包括平台、网络和设备。在第二层区域级，将第一层的平台域、网络域和设备域分别进行细分，其中平台域分为硬件、操作系统、通讯硬件、外围设备和虚拟机；网络域细分为分区（Zone）、网络类型、基础设施和传送类型；设备域由设备类型、地理位置、运行控制、获取方法组成。

基础设施参考模型与其他模型的关系见表 2.5。

表 2.5　基础设施参考模型与其他模型的关系

主模型	模型间关系	其他模型
基础设施 参考模型	发现通用基础架构改善战略绩效的机会	绩效参考模型
	告知业务流程改善和新业务功能的开发机会	业务参考模型
	识别数据存储和交互需求	数据参考模型
	发现技术平台限制条件和创新机会	应用参考模型
	识别许可网络和产品，并提供具体资产清单	安全参考模型

基础设施参考模型支持基础架构技术条目的定义和提供最佳实践指南，以促进整个技术实施产生积极成果。基础设施参考模型实施能共享和复用基础设施，从而降低成本，增加整个政府及其合作伙伴间的互操作性，支持高效查询和部署，并能在企业之间更好地获取信息。除提供 IT 基础设施资产的分类目录外，基础设施参考模型可对部门、局、联邦政府等不同级别的 IT 基础设施资产进行分析。在联邦政府层面，基础设施参考模型支持跨政府的通用分析，汇总通用基础架构分析结果，分析许可协议和服务水平协议，为基础设施共享和复用创造机会；也支持合并计划，如编制可共享的基础设施投资列表和基于云优先的方法，创建跨机构的联合业务案例，追踪改善计划和寻找复制机会。综上，在联邦政府层面，用基础设施参考模型对政府范围内的 IT 基础设施资产进行分析以确定合并计划。在部门或局级层面，基础设施参考模型用以促进良好 IT 基础设施资产管理实践，如识别服务到期（报废）资产，避免机构任务受到影

响，确定基础设施共享和整合的机会等。在部门或局级层面，基础设施参考模型有助于实现 IT 基础设施资产管理，如确认 IT 基础设施资产并进行分类，分析基础设施标准和服务水准，识别破损设备更新和重用的机会；发现可共享的基础设施和服务，如识别共享的基础设施和服务的候选者。

基础设施参考模型共享应用服务场景：一是把机构的 IT 资产映射到基础设施参考模型和应用参考模型，提供可靠的技术定义、通用分类，与 IT 管理工具采集的 IT 资产信息相统一，发现 IT 孤岛。二是识别合并机构中 IT 商用服务的候选者。方法是编制完 IT 资产清单后，对基础设施服务和后台应用系统的基础设施参考模型分类结果进行量化、分类和交叉处理。

通过使用 IT 资产清单和基础设施参考模型分类，一是可以令机构看清其拥有和运营的数据中心中重复的基础架构组件和服务；二是可以帮助该机构基于安全性和信息敏感性要求确定内部私有云实施的组件服务，维持其现有的托管和运维需求，并确定其基于新兴技术和标准迁移的公共云解决方案。

2.3.7　安全参考模型

安全参考模型提供了一种通用语言和方法，可在联邦机构业务和绩效目标的背景下讨论系统安全和隐私。安全参考模型包括 3 个领域，分别为目的、风险和控制。目的域是描述对业务影响和监管环境的风险，开发安全程序的原因和功能。目的域分为监管条件和风险概况。监管条件细分为行政部门指令、公共法律、联邦标准、部门指南；风险概况细分为威胁和漏洞。风险域分为风险评估流程和减轻影响，其中风险评估流程细分为影响分析、安全目标确定、调整预防措施、控制选择；减轻影响细分为准备，检查和分析，遏制、根除和恢复，事后处理和通知。控制细分为合规和控制类别，合规细分为控制验证、测试和评价、报告；控制类别细分为管理、操作、技术及其他。

安全参考模型与其他模型的关系见表 2.6。

表 2.6　安全参考模型与其他模型的关系

主模型	模型间关系	其他模型
安全参考模型	对战略绩效进行风险考量	绩效参考模型
	告知和安全有关的业务法律、条令、政策、规章和标准等	业务参考模型
	识别在信息处理、传送和存储中的加密需求	数据参考模型
	识别安全控制需求和隐私安全考虑	应用参考模型
	定义跨域要求、网络连接规则、密钥管理信息等	基础设施参考模型

安全无论对于哪级架构和组织来讲都是必不可少的，因此，在企业总架构的每个子架构中都必须考虑安全参考模型，并且必须贯穿到不同应用级别、不同参考模型。企业架构治理需要制定和遵循安全标准、策略和规范，因为它是信息技术投资的强制项。安全参考模型将整个联邦架构的安全级别分成国际、国家、联邦、部门、机构、分段、系统和应用程序等。在最高级别，安全参考模型将联邦法律、法规和出版物转化为特定的政策。在分段级别，安全参考模型将部门特定的策略转化为安全控制和安全评估。在系统级别，安全参考模型将分段控制转化为系统设计或需求。每个级别的安全参考模型对于组织和/或系统的总体安全状况及健康状况而言都是至关重要的。

安全参考模型对遵守法规与系统风险概况间进行统筹考虑，取得二者平衡，促进安全实践。根据美国国家标准与技术研究院发布的工业控制系统信息安全标准（NIST SP 800—30），风险是衡量实体受到潜在或真实威胁程度的度量，具有以下特征：①如果情况或事件发生，将会产生的不利影响；②风险发生的可能性。通过对漏洞的潜在影响和/或可能性进行控制，或通过消除威胁源来降低风险。对于企业或组织，在进行安全参考模型应用时需要分析：①处理了哪些类型的信息（如健康、个人、机密信息），是否有适用前述信息类型的监管指导；②上述信息类型需要遵守哪些法律规章，以及它们对业务流程带来的影响；③风险是否会对业务发展和目标实现带来影响，如果是这样，是否大于不这样做的风险控制（风险评估）。

安全参考模型使用企业级策略对特定机构或部门的控制进行分类，并允许架构师根据机构的目的和该机构面临的特定风险选择控制的法律规章。然后，通过对较低的系统或应用程序级别控制，以简化系统的设计和要求。

风险管理依赖于识别风险并选择适当的控制手段将风险降低到可接受水平的能力。应对风险的主要方法包括：①降低风险，如加强软件升级和关闭后门。NIST安全控制主要针对降低风险。在组织内实施的控制应针对特定组织的需求进行量身定制。②避免风险，如不执行有漏洞的方案。③转移风险，如通过合同让卖方承担风险，在与第三方签订租赁合同时，应规定与风险相关的保证条款，这一点对于云服务采购尤其重要。④接受风险。

2.4 联邦企业架构框架应用

为了促使联邦机构利用企业架构驱动绩效改进，2005 年美国联邦政府总统管理和预算办公室发布了企业架构评估框架（EAAF），从三个方面评估企业架构项目的成熟度和有效性：一是企业架构完整性，主要考察架构自身的成熟水平，评估内容涉及与联邦企业架构的匹配情况、目标架构及转换计划、架构优先级、是否包括 IPV6 等；二是企业架构对目标决策的驱动作用，具体内容包括企业架构与机构绩效改进和投资规划的整合，与联邦企业架构参考模型和预算表的匹配、合作和复用，以及对实施过程的监督和管理；三是企业架构收益，如对任务绩效的促进和对成本节约的贡献等。每个评价标准分为五种成熟水平，分数从 1 到 5。最后基于总分对每个机构的评估结果进行排名，定量反映其进展和成效[7]。

在执行层面，2004—2006 年美国联邦政府总统管理和预算办公室先后启动了 9 项联邦层面的跨机构协作项目，并赋予最高优先权，通过促进联邦政府内部的业务协同和互操作，打通核心业务，发现通用业务，整合、复用上述业务建设技术和经验，避免各自企业架构的重复建设和分散化建设，将投资效率和效益达到最大化。在投资管理方面，凡是政府部门提交的信息系统预算和工程申报，均需按照《预算的准备、提交与执行》的要求，提交 exhibit 300 和 exhibit 53 两类表格，详细说明预算提交与联邦企业架构的匹配和连接关系。同时，每项 IT 投资工程分配一个唯一的工程标识符 UPI。UPI 由 17 位数字组成，共切分为 7 段，每段数字代表工程的某一核心属性。UPI 的使用一方面有助于快速发现同类工程，避免重复性投资，另一方面也便于发现跨机构的协同项目。

2004 年审计总署（General Accounting Office，GAO）对联邦企业架构使用情况的调查表明，受调查的 96 个联邦政府部门中仅有 20 个部门建立了有效的企业架构管理基础，众多部门如联邦调查局、国防部、国土安全部等未能贯彻和使用企业架构而受到批评。随着联邦企业架构执行管理工作的不断推进，联邦企业架构发展势头良好，2007 年的调查表明，即使采用更严苛的企业架构评估框架，受调查的 24 个部门中也有 19 个部门的评分达到了令人满意的级别。

联邦企业架构在市场也迅速得到了认可，微软、IBM、惠普、Gartner 等厂商也纷纷聚焦企业架构，发布相关产品和服务。随着企业架构的理念越来越深入人心，其标准化的研发也迅速提上日程。截至目前，由国际著名标准化组织开发群组（The Open Group）发布的架构框架标准（TOGAF）已经成为市场上影响最大的企业架构框架理论，一是其被众多国际大公司使用，二是其支持开放、标准的 SOA 参考架构。

综上，联邦企业架构具有以下几个特点：一是以业务为驱动开展顶层设计。有效地将机构战略目标、投资、业务解决方案和绩效改进有机统一起来。二是强化大政府概念，淡化部门概念，通过顶层协调促进机构之间实现流程整合和业务协同，在现有管理体制下实现电子政务的统筹管理和协调。三是通过统一管理部门、规范资金申请办法，将顶层设计与投资管理挂钩。四是自顶向下的设计和自下而上的匹配，在各部门的企业架构开发和联邦企业架构方法论之间建立双向映射和自主适配，确保顶层的设计能够转化为各机构的具体目标和项目建设。五是联邦企业架构设有动态更新机制，包括联邦企业架构的相关指南、参考模型、评估框架等重要文件定期更新。

综上，作为美国电子政务共享框架，联邦政府企业架构框架提供通用、标准化的参考模型及组件工具，指导企业、政府、公众间的信息发现、共享、交换等 IT 交付服务的投资、生产、监管和评估，为企业和政府机构的战略发展规划、决策提供信息化支撑。相比于《环境信息共享互联互通平台总体框架技术规范》（HJ 718—2014）和国内电子政务共享指南，以及主流框架参考模型，联邦政府企业架构框架突出目标绩效管理，具有共享、削减重复投资的双重指导意义。作为美国联邦政府的方法论，其由实践和理论两部分组成，在合作计划方法论中提出了实践的路线、每一步的要求和输出，以及各方的责任；在理论部分，详述 6 个业务参考模型、相互关系及对业务的支撑。与其他在用框架相比，联邦政府企业架构框架是从联邦级全面共享出发，以驱动政府和业务战略目标实现为终点，提出可操作性的实践指南，表现在：①建立了统一、庞大的公共数据目录，通过该目录达到发现数据、寻找数据共享、合作、协作的目的；②给出了信息共享边界，涉及数字化的所有内容，不只是数字化的结果——信息，还包括过程数据、设备数据、服务数据等，达到了系统组件、接口级别的共享；③共享的目标，其一是服务于部门和政府间业务决策及目标管理，其二是发现重复建设项目，通过项目压减合并节约政府投资。联邦企业架构框架建有庞大的分类体系，以及以业务为核心的数据资产清单，对实践具有极强的指导意义。另一方面，面对普遍存在的数据平台和系统烟囱的大背景下，强调业务协调和统一、全面共享的联邦政府企业架构框架的顶层设计思想值得参考和借鉴[8]。

第3章　科学大数据共享理论

3.1　数据集成

3.1.1　集成定义

数据集成定义比较多源。一是从存储角度定义，数据集成是指把组织或企业不同来源、格式、特点性质的数据在逻辑上或物理上有机地集中。二是从集成过程定义，数据集成指移动数据、转换数据，把数据从一个应用迁移到另外一个应用，将所有的信息进行整合，以及针对不同的数据分发过程，更有将其限定在数据仓库项目中的数据移动、质量管理和转换。三是从数据生命周期角度定义数据集成，包含访问和挖掘、解析和准备、发现和概要分析、转换和清洗，以及抽取和交付数据等功能的过程[9]。

3.1.2　集成目标

建立规范统一的指标体系。根据业务实际情况，建立面向企业指标体系的数据接口，收集各系统间的指标数据，同时为各系统提供所需的指标数据，成为沟通企业现有系统和未来系统之间各种关键业务指标数据的信息桥梁。

建立统一的数据采集接口。定义符合企业需要的数据采集指标，通过业务平台统一进行数据采集，改变原有层层下达参数，再层层汇总、层层过滤的采集方式，妥善解决时效性和准确性难以保证的问题。

建立统一的数据存储中心。按照统一指标、统一统计口径和统一数据概念的要求，存储指标数据和建立数据存储中心，满足不同系统之间相互获取数据的要求，同时为数据的综合分析和历史回溯奠定数据基础。

历史数据的回溯分析。通过对数据存储中心的历史数据进行提取和加工整理，用户在权限范围进行数据的分析和查询，可为决策提供历史数据依据。

建立数据应用接口。企业在业务决策过程中，通常迫切需要了解外部环境的实际情况，需要建立企业与外部环境之间特定的数据应用接口，实现彼此之间数据共享,以提高现有系统的数据使用率和业务支撑能力。

建立统一的决策分析管理平台。通过对采集的基础数据信息的提取和加工整理,本着规范化与灵活性相结合的原则,设定不同的使用权限(组织和人员),灵活使用数据和报表,实现业务驱动服务。

3.1.3 集成类型

数据集成类型主要包括批处理数据集成、实时数据集成、大数据集成、数据虚拟化等[9]。数据仓库因其异构、海量、规范化、面向业务多层级应用,已经成为大数据集成的重要手段。

批处理数据集成。批处理数据集成是指数据被组织成"批"并周期性地发送,批处理模式要求数据出、入的两个系统同步实施,并且二者的数据文件格式保持一致。通常是以接口的方式进行批处理集成。批处理集成的优点是适用大数据集成、数据仓库的数据流动,以及采用数据快照方式的周期性加载。但批处理集成存在着如下局限:①批处理集成适用于历史数据;②批处理集成属于点对点传输,为紧耦合,当集成对象(点)增多的时候,连接路径会呈指数增加,拓扑图演变成复杂的多对多的网状结构,可用性和可维护性迅速降低,成本显著增加;③批处理要求数据格式严格一致,并需要系统同步进行。

实时数据集成。实时数据集成主要采用企业服务总线(ESB),按照"中心—节点"式方案进行。企业服务总线是一个具有标准接口,实现了互连、通信、服务路由,支持实现面向服务架构(Service Oriented Architecture,SOA)的企业级信息系统基础平台。企业服务总线提供消息驱动、事件驱动和文本导向的处理模式,支持基于内容的服务路由。总线的概念形成于硬件连接,如数据总线、网络交换机和设备集线器,其优点是可将复杂的多点网状连接变成星形连接,使之更加可靠和更易维护。信息系统的总线是以标准接口的形式出现,通过标准接口与不同对象、不同服务进行松耦合连接,屏蔽掉不同接入系统的差异性和复杂性。企业服务总线可以在不改变现有基础结构的情况下让几代技术实现互操作,全方位支持电子政务应用软件业务基础平台、信息共享交换平台、决策分析支撑平台和政务门户的平台化实现。

大数据集成。对于多源异构大数据集成而言,数据虚拟化和 API 网关提供了有效解决方案。虚拟化(Virtualization)是一种资源管理技术,将计算机的各种实体资源(如服务器、网络、内存及存储等)予以抽象、转换后呈现出来,打破实体结构间的不可切割的障碍,使用户可以更好地应用这些资源。新增虚拟部分不受现有资源的部署方式、地域或物理组态所限制。虚拟化资源包括计算能力和资料存储。

数据虚拟化。大数据的特征是量大、异构存储、分布式部署，在云原生时代还存在混合云部署，如果采用传统的数据集成手段来实施，将会导致效率、效能、效益上的悲剧。数据虚拟化技术应运而生，其是指在数据层和应用层之间建立数据虚拟层，透过虚拟层通过标准化 API 进行数据集成和服务调用，形成具有统一架构、统一逻辑、统一服务、高效且友好的数据集成服务。在集成过程中无须关注数据资源的存储类型、存储架构、物理地址和集成主体等，而是更易聚焦数据集成的业务性、易用性和一致性。与数据仓库不同，数据虚拟化方案可实现非结构化数据源集成，如文档、电子邮件、社会化媒体、数据库、实时消息和数据流等。

3.1.4　数据源

可集成的数据源类型主要有结构化数据（如数据表）、半结构化数据（Excel 文件、Access 文件和 XML 文件）、非结构化数据和服务类数据（WebService 和 Rest）。可同步集成的数据源及存储类型见表 3.1。

表 3.1　可同步集成的数据源及存储类型

数据存储类型	数据源类型
关系型数据库	MySQL、SQLServer、PostgreSQL、Oracle、DB2、达梦、RDS for PPAS
大规模并行分析数据库	HybridDB for MySQL & for PostgreSQL、Greenplum、HugeGraph
云数据仓库	MaxCompute、AnalyticDB、DataHub、ElasticSearch、GaussDB
非关系型数据库	Hbase、MongoDB、Memcache、TableStore、LogHub、OpenSearch、Redis

根据资源存储格式类型，细分为数据库，对应的格式为 Dm、Access、KingbaseES、dbf、dbase、Sysbase、Oracle、Sqlserver、MySQL；电子文件类，包括 OFD、wps、xml、txt、doc、docx、html、pdf、ppt；电子表格类，et、xls、xlsx；图形图像类，包括 jpg、gif、bmp 等；流媒体类，包括 swf、rm、mpg。

服务类数据是对第三方应用服务类数据通过代理服务的形式进行集成。服务包括 WebService 和 Rest 两种。

根据数据属性，又可细分为字符串型、数值型、货币型、日期时间型、逻辑型、备注型、通用型、双精度型、整型、浮点型、二进制、长文本等。

3.1.5　数据仓库

数据仓库是面向在线分析的数据集成及应用，其深层次的目标是创建企业级的平台，在集成环境中提供统一数据视图和分层、分级应用。相比其他集成方式，数据仓库一是企业级的，二是可以为企业所有业务提供良好的、标准化、敏捷化、适应动态变化的数据和应用支撑。相比其他集成技术，数据仓库一是集成的数据库类型更多，包括关系型数据库、非关系型数据库、时序型数据库、图数据库等，能够完成异构、海量数据的存储和业务应用；二是通过高效的分层架构，数据仓库提供同时满足数据集市和不同业务部门的共享应用，形成商业智能服务（BI）。

采用数据仓库方式进行数据集成时，特别需要关注元数据库。建立统一的元数据库，需要明确数据结构组成，包括入仓数据的含义（定义为业务元数据）、数据来源和谱系（定义为技术元数据），及在什么情况下会产生（定义为操作元数据）。元数据不仅为理解数据创建了一个语义层，而且可以更好地支持数据治理活动。在进行在线分析或 BI 时元数据必不可少。

在数据集成建模中，规范化元数据集是通用规范化数据的中心。除了源系统到目标系统之间映射的元数据外，还需要保存交叉引用的元数据，例如：规范化模型中的每一项（实体或者属性）是如何映射到其他系统的；标识创建元数据的系统；对于具有生命周期信息的实体数据而言，需要描述实体数据在企业系统之间、企业系统之外的传递、处理、使用等的元数据项，以及企业内外不同系统是如何处理和使用这部分元数据的。

有研究指出，元数据汇交是科学数据汇交流程的核心步骤，元数据是汇交管理的核心要素。数据集成是基于元数据的集成。中国水利水电科学研究院提出了基于核心元数据的三级汇交体系，即数据生产单位—数据汇交分中心—水利科学数据（总）中心[10]。此外，我国农业科学数据汇交目前存在元数据集成、元数据+源数据两种方式[11]。无论哪种方式，元数据都是不可缺少的核心要素。

3.1.6　集成步骤

数据仓库中的数据处理有多种转换，最基本的是从源系统中抽取数据，再将其装载入数据仓库中的一个集成模型中，也就是将这些数据从一个高度规范化的结构转换为一个非规范化的或者维度结构。转换过程包括[9]：

（1）去规范化。将高度规范化的结构转换为非规范化的数据仓库格式，使用自上向下的方法或者 Inmon 方法进行。

（2）维度化。将高度规范化的结构转换为维度和事实的组合，采用自下向上方法或者 Kimball 星形模型进行。

（3）元数据处理。将一个业务词汇表以及数据一起加工到数据仓库中，并将多个不同的术语融进唯一的定义中。

（4）主数据处理。对关键的数据结构进行转换，以和主数据集匹配，创建一个高度集成的数据层。

（5）生成代理键。使用一个通用的技术处理维度数据转换，以便在数据仓库中创建代理键以保存数据历史。

（6）编码数据。创建查找表和列表，对冗余数据进行压缩。

（7）旋转数据。使用多维度数据转换，以加载数据。

（8）分割数据。将多值列转换为单值列。

（9）合并数据。将数据集成到一个单一的表或者数据结构中。

（10）查找数据。创建并优化查找表数据。查找表数据是一个参考库，数据的标识值被替换为实际值。

除了上述列出的数据转换外，还有一些数据模型和数据架构驱动的转换，数据需要经过多个不同层次的转换、聚合，按层次钻取转换，以及语义转换等，形成后继的转换集合供业务使用。经常会被忽略的另一个转换是数据库驱动转换，即将表进行垂直切割，分区为离散的结构，再经过索引和排序，从物理存储上进行优化。上述转换是数据载入数据仓库的过程中必要执行的操作。

数据集成的主要任务是完成主数据整合、统一系统接口、业务数据整合。在数据集成中，关键是主数据（Master Data），通过主数据整合完成对现有系统兼容和未来可预见的系统建设需求，并实现不同系统间的共享。通过操作数据层、搭建企业服务总线基础平台，规范企业主数据，实现企业内各系统以及企业数据仓库间的数据交互和共享，通过元数据来保证数据一致性；实现主数据管理，面向业务经营活动的扩展和变化，进行主数据维护、增减和变更；通过企业服务总线与核心平台的接口建立和调用，实现系统接口统一服务；实现业务数据整合，业务数据流从各个系统向操作数据层和数据仓库汇交、集成，并提供业务口径一致且规范度量的数据管理、查询、分析、统计等应用功能。

3.1.7　集成工具

在一个典型的结构化数据处理架构中，抽取、转换和装载（Extract, Transform, and Load, ETL），抽取、装载和转换（Extract, Load and Transform, ELT），变化数据抓取（Change Data Capture, CDC），面向服务架构（SOA），以及定制化开发的软件包都可以用于移动数据。数据质量工具可以用于数据清洗，主数据管理工具可以用于参考数据加工，元数据库可以用来管理元数据。

对于非结构化数据集成来说，集成工具包括 Hadoop、NoSQL 数据库以及文本 ETL 引擎。

抽取、转换和装载：是最常用的方法。不同数据源系统的数据被集中到暂存区的中间层（在某些操作型数据存储的设计中是可选的）进行处理。在暂存环境下，首先对数据进行清洗和优化，其后在数据仓库中应用业务规则和集成规则进行大规模转换。

抽取、装载和转换：数据从源系统和数据库中被抽取出来，直接加载到目标数据库中，数据清洗、优化在入仓后进行。这个方法比较适用数据结构化非常好，抽取速度以及集成的工作量很小的场景。

变化数据抓取：指在源系统上通过安装第三方应用程序采集变化的数据。因其从数据库日志中提取变化数据，不会对源数据库系统产生影响，且比较高效。在目标端，安装第三方应用程序系统处理抽取过来的数据，并装入数据仓库暂存区。在暂存环境中对数据进行清洗、优化并转换到相关主题进行存储。变化数据抓取适用于准实时数据处理需求。在某些架构中，将直接加载到操作型数据存储中，然后再加载到数据仓库的暂存区。

3.1.8　集成建模

通过企业服务总线或中间件实现数据共享，除了技术实现问题外，还需要为中心应用定义中央数据模型，该模型面向各系统待共享的数据，通过建立统一、规范的数据模型，完成不同系统间共享数据的传递、交互、整合，并在企业或者业务域的层面上建立一组可以复用的通用对象，以增强系统间的互操作性。规范数据模型是节点集成建构的优秀设计方法。通常来讲，规范化数据模型可以指重要业务术语的文档记录，以及组织中每个业务术语和术语之间关系的定义。在数据集成中，还意味着对中心交互所涉及的数据的定义，以在组织中的实时接口之间传递数据。随着企业业务的发展，实际应用中也要求数据模型必须做到可以扩展。实践表明，在数据集成中，数据规范化建模具有如下应用优势：一是可以实现数据间的良好映射，快速实现不同系统间的数据一一对应关系，支持不同业务数据的聚合和调用；二是通过采用统一、规范化数据模型来设计数据库，对进入或者输出的数据来说不再需要转换，极大提高了集成效率，为数据治理奠定了基础。

消息建模主要以与目标实现相一致的方式或者格式进行建模。通常使用 XML 或者 JSON 格式，或者与企业服务总线或面向服务架构相一致的格式。对于消息模型而言，因行业标准模型一般对行业的通用业务对象进行了处理，因此可以使用行业标准模型。

3.2　数据发现

3.2.1　数据组织

　　数据集成后，如何建立数据的发现机制，成为数据共享必须要解决的另一个关键问题。人们引入传统的分类法，通过分类法梳理不同领域的共享数据资源目录，从而为数据发现提供了高效的解决方案。分类是知识组织的有效方式，常用的分类方法有体系分类法和分面组配分类法[12]。传统的分类方法有体系分类法、分面分类法和混合分类法。体系分类法又称线分类法、层次分类法，通常以科学分类为基础，依据分类对象的某些特征或属性划分类目，逐级进行类目细化，逐次展开各分类段，形成有层次的树状结构的分类体系。各大搜索引擎在类目设计上采用的是传统分类法主题分类思想。其优点一是按照学科、专业集中文献，类目的展开比较系统；二是采取等级列举方式，能清晰地表达出类目体系中各类目之间的从属关系和并列关系。缺点主要是类表为静态结构，不能根据需要随时改变，各种复杂主题和细小专深主题详尽揭示受限。

　　分面分类法的基本原则是选择分类对象本质的特征或属性作为"面"，同一"面"应采用相同的分类依据，不同"面"内的类目不相互交叉，也不能重复出现。经典分面 PMEST 是指人物（personality）、事件（matter）、能量（energy）、空间（space）和时间（time）。分面分类法面向数字环境下特定领域的组织与搜索需求，设计满足专业化、个性化的分面类表，主要用于网站信息架构、电子商务产品目录、企业内容组织工具以及提高搜索效率的后控词表等。

3.2.2　分类法演变

　　随着计算机和互联网技术的迅速发展，知识本体经历了文献、信息化、数字化等发展阶段，相应产生了图书资料分类法、网络信息分类法、电子政务分类法等，分类法从单一知识组织功能中增加了知识发现新功能。经典分类法如中国图书馆分类法和杜威十进图书分类法向自动化、信息化发展，实现从传统手工纸质图书资料分类向自动化、网络化的信息分类转型。在这一过程中，用户驱动型的分类开始出现。随着电子政务的兴起和发展，基于元数据标准的目录服务成为信息共享和复用的技术标准，而分类法是电子政务目录体系建立的基础。大数据时代，信息更多分散于数据中，呈现数据量大、数据处理速度快、数据结构多样化和数据价值密度低等特点，基于互联网数据采集和检索的搜索引擎技术可满足信息发现和复用需求。

网络信息具有交互性、多维性、多样性、高频性和海量等特征，传统分类法应用受限。随之兴起的大众分类法，又称社会化标签系统，是指由大众自发性定义的平面型非层级结构式标签分类体系，是 Web 2.0 的典型产物之一。它允许用户以元数据的形式自发地标注各种类型的网络资源，并通过标签实现资源的共享，帮助社区用户进行知识的检索、浏览、组织、共享和创新，因而被广泛应用于国内外的在线社区中，它具有包容性、灵活性、动态性和以用户为中心的信息组织特点。当前主流的网络信息分类主要有：融合大众标注的主题分类目录的严格等级化分类体系、基于主题法的大众分类的平面化分类体系、用户驱动的非严格等级化的大众分类本体分类体系和自动派生的非严格等级化的大众分类本体分类体系等。

3.2.3　FEA 数据分类

美国联邦企业架构（FEA）的分类思想体现在参考模型中，它从绩效、业务、数据、应用和安全六个角度表现电子政务体系主要包含的元素。除数据参考模型外，每个参考模型都设计 3~4 个基本的分类层级，将参考模型的具体内容层层细化。如业务参考模型采取任务域、业务功能、服务三类划分联邦政府职能和业务，应用参考模型从系统、应用组件、接口三个层次对支持政府业务和绩效目标进行分类。

数据参考模型面向业务活动，聚焦机构和跨部门的信息互操作性和共享挑战，是实现整个联邦政府间的信息描述、发现、管理、共享的基础，将政府数据视为国家资产管理原则。数据参考模型用于识别联邦政府拥有哪些数据以及如何根据业务/任务要求共享该数据。数据参考模型采取三级分类（表 3.2），最顶级为域，依次为主题、专题。需要注意的是，数据参考模型分类标准不是固定不变的。相反，它具有灵活性和可扩展性，随着联邦政府业务模式的变化，可以添加新的主题和专题，也允许机构根据需要将主题进一步分解为机构特定的业务流程。

数据参考模型指出，参与美国联邦政府首席信息官委员会的机构和组织对数据进行分类，通过定义、编写和发布潜在用户可以看到和访问的分类元数据，达到共享信息发现，继而实现数据服务的目标。根据数据的业务支撑特性和应用范围，自底向上将元数据划分为 6 类：数据概念、数据交换、数据资产、专题、主题、域。需要明确的是，数据资产不是数据参考模型分类标准，但是代表可以按数据参考模型分类法进行分类。此外，数据使用者可以订阅数据注册表中发布的主题，增强数据发现。一旦分享数据注册表，这些分类将成为数据发现的有效工具，促进数据分享和复用。

表 3.2　美国联邦企业架构数据参考模型分类[6]

任务支持数据	数据域（4）	指南数据
企业支持数据		资源数据
援助	任务支持数据	健康
案例		任务活动
运输		科学
通讯	企业支持数据	保护
企业活动		
权威	指南数据	定位
风险		控制规章
度量		计划
资产	资源数据	项目
业务资源		自然资源
商品交易		党派团体
主题		

专题（共计 144 项，略）

3.2.4　政务信息资源目录

　　信息资源尤其是政务信息资源，是国家数据资源的重要组成，是国家资产最具潜力的有机部分，是支撑国家治理体系和治理能力现代化的重要基础。政务信息资源是指政务部门在履行职责过程中制作或获取的，以一定形式记录、保存的文件、资料、图表和数据等各类信息资源，包括政务部门直接或通过第三方依法采集的、依法授权管理的和因履行职责需要依托政务信息系统形成的信息资源等。从实践中来看，梳理部门的资源目录是大数据平台的切入点，这也是由政府大数据项目的现状和特点所决定的。

　　政务信息资源目录是通过对政务信息资源依据规范的元数据描述，按照一定的分类方法进行排序和编码的一组信息，用以描述各个政务信息资源的特征，以便于对政务信息资源的检索、定位与获取。根据《政务信息资源目录编制指南（试行）》，政务信息资源目录分类包括资源属性分类、涉密属性分类、共享属性分类和层级属性分类等。对政务信息资源目录的共享类型分为无条件共享、有条件共享、不予共享等三种类型。无条件共享类是指可提供给所有政务部门共享使用的政务信息资源。有条件共享类是指可提供给相关政务部门共享使用或仅能够部分提供给所有政务部门共享使用的政务信息资源。不予共享类是指不宜提供给其他政务部门共享使用的政务信息资源。政务信息资源涉密属性分类分为涉密政务信息资源和非涉密政务信息资源两种。

政务信息资源目录的资源属性分类按资源属性分为基础信息资源目录、主题信息资源目录、部门信息资源目录等三种类型。其中,基础信息资源目录是对国家基础信息资源的编目。国家基础信息资源包括国家人口基础信息资源、法人单位基础信息资源、自然资源和空间地理基础信息资源、社会信用基础信息资源、电子证照基础信息资源等。主题信息资源目录是围绕经济社会发展的同一主题领域,由多部门共建项目形成的政务信息资源目录。主题领域包括但不限于公共服务、健康保障、社会保障、食品药品安全、安全生产、价格监管、能源安全、信用体系、城乡建设、社区治理、生态环保、应急维稳等。部门信息资源目录是对政务部门信息资源的编目。部门信息资源包括:党中央、全国人大常委会、国务院、全国政协、最高人民法院、最高人民检察院的政务部门信息资源,省(自治区、直辖市)、计划单列市以及其下各级政务部门信息资源。

完整的政务信息资源目录包括如下各项:信息资源分类、信息资源名称、信息资源代码、信息资源提供方、资源提供方代码、信息资源摘要、信息资源格式、信息项、信息共享属性、开放属性、更新周期、发布日期、关联资源代码、信息项名称[13]。

现阶段政府大数据基本处于信息化阶段,存在的主要问题是业务系统需要将各委办局的数据汇聚上来,建立基础库和主题库。但由于机构间各自对大数据平台的期望和要求不一致,并且各部门均存在多个业务系统,因此,政府大数据基本上都会将资源目录梳理作为一个重要的工作来推进。

3.3 共享边界

我国数据产业发展非常迅速,数据流通和交易需求较大,但是有关数据产权的研究和实践存在不足,导致数据共享边界模糊,阻碍数据资源的共享交换和有效供给,制约数据资源的行业优化配置和业务化支撑。因此,亟需加强数据知识产权研究,实现数据确权,明确数据法人和相关利益方的责权利,厘清数据共享边界,制定数据共享的落地政策,促进数据产业的蓬勃发展。然而,数据客观存在类型复杂、边界模糊、性质多样,致使其产权难于准确界定;另一方面,数据相关权利体系较为复杂甚至冲突,存在数据产权界定与数据安全保护相互交织。

在 2018 年发布的《科学数据共享办法》中，定义科学数据主要包括在自然科学、工程技术科学等领域，通过基础研究、应用研究、试验开发等产生的数据，以及通过观测监测、考察调查、检验检测等方式取得并用于科学研究活动的原始数据及其衍生数据。该办法明确了科学数据产权，规定"法人单位对科学数据进行分级分类，明确科学数据的密级和保密期限、开放条件、开放对象和审核程序等，按要求公布科学数据开放目录、向社会开放共享"。同时确立科学数据具备知识产权，要求"使用者应遵守知识产权相关规定，在论文发表、专利申请、专著出版等工作中注明所使用和参考引用的科学数据"。进一步确认了科学数据的典型组织方式是数据集。

科学数据是有智力投入的，其产生是创造性劳动的成果，因此，科学数据拥有版权，而版权属于知识产权的范畴。因此，对科学数据的共享要在知识产权的框架下进行，准确刻画共享边界，制定数据授权框架，以符合遵循分级管理、安全可控、充分利用的数据共享原则。科学数据按用途性质可分为公益性科学数据、战略性科学数据和商业性科学数据。从归属上，可将其分为政府数据、企业数据和个人数据。明晰数据产权需要厘清三个层次的边界，即政府数据的公开边界、企业数据的商业应用边界和个人数据的隐私保护边界。数据的授权使用由数据主体及其服务属性而定。科学数据的授权也不能是完全没有条件的使用和开放，科学数据授权使用中的公共利益应与对国家安全、个人隐私和知识产权保护的合法考虑取得平衡。国内外普遍对科研数据的共享以出版优先权为主，即科学数据及相关成果由数据法人单位率先发布后，才能进入共享使用。

科学数据的权属影响共享边界的划定。目前对科学数据的权属讨论主要集中在数据产权、数据著作权和出版权等内容。著作权和出版权均属知识产权。著作权是指著作权人对其智力成果依法享有的专有权利。版权是指版权人对某项著作享有印刷出版和销售的权利，任何人要复制、翻译、改编或演出等均需要得到版权所有人的许可，否则就是对他人权利的侵权行为。

世界各国的版权法都将独创性作为作品享有版权保护的必要条件[14]。如《中华人民共和国著作权法实施条例》第二条规定："著作权法所称作品，是指文学、艺术和科学领域内具有独创性并能以某种有形形式复制的智力成果。"按照科研数据的分类，人工获取的、经过加工处理的、文本图片音频视频形式的数据，只有在表现形式上达到了独创性要求，才可以受到版权法的保护。另外，数据获取过程中的实验日志、现场笔记、调查问卷等广义上的科研数据如果具有个性化表达，也可以受到版权法的保护。对数值型的、机器获取的、从现实世界记录而来的原始数据都属于科学发现的事实，不受版权法的保护。如人造卫星自动获取的气候数据、天文观测站自动获取的行星运动轨迹数据。

科研数据的原始数据具有产权属性。在产权属性中，数据所有权问题因涉及出版专有权、学术优先权、商业化机会而受到普遍关注[15]。数据所有权指的是数据的拥有和责任，所有权意味着权力和控制，数据的控制不仅包括访问、创建、修改、打包、衍生利益、销售或删除数据的能力，还包括将这些访问权限分配给他人的权利。由政府部门监管下收集和维护的科学数据应当对非营利的商业实体或非独占方式共享的实体开放，如《气象资料共享管理办法》规定各级气象主管机构负责共享气象资料提供工作的单位，应当通过网络适时向社会发布基本气象资料，供公众无偿下载；由大学、研究机构、研究小组等通过公共基金收集产生的科学数据，在研究成果发布以后，应当公开其研究所依赖或产生的数据资源，实现数据开放授权。数据易复制易传输的特点给产权保护带来了挑战，而传统的产权保护措施和规则并不适应数据产业发展的需要，需要构建新的产权保护措施和规则。

数据共享不仅是对一次集成数据共享，同时也包括对二次加工（主题、专题、实时分析）的数据进行共享，在处理不同来源和版权的数据过程中，需要厘清处理后数据和原始数据的知识产权关系等问题。此外，还要对数据的敏感性进行清晰的认识。对于属于保密范围的科学数据应当遵守相关法律规定，如保密数据应当严格遵守《中华人民共和国保守国家秘密法》《中华人民共和国科学技术保密规定》以及其他相关部门颁布的保密规定。科学数据授权使用中的公共利益应与对国家安全、个人隐私和著作权保护的合法考虑取得平衡[16]。如寒区旱区科学数据中心规定，从数据中心获取的数据如属数据保密范围，用户须与寒区旱区科学数据中心签署保密协议，并有义务遵守国家相关法律法规，如出现问题，用户承担完全责任。

数据集是科学数据典型的组织方式。欧盟的《数据库指令》（*The Database Directive*）阐述了版权领域的现有权利，并引入了一种完全新颖的知识产权权利——数据库特殊权利[17]。数据库指令具有里程碑意义，并在数据保护领域占有重要地位。其主要目的是保护为获取、区分和呈现数据所做出的实质性投资，消除因欧盟成员国之间没有协调统一的版权法而导致的在数据库保护层面的贸易差异。版权和数据库特殊权利的区别主要是：前者基于对数据库中数据进行收集和整理的智力性劳动成果；后者则是在数据库的获取、验证和展示上已经付出巨大投资，并在此基础上限制他人获取或二次使用该数据库（含其中的数据）的权利。对投资的举证责任负担使许多寻求开发和利用数据库的人转而选择通过限制对数据库的访问，加密处理数据或通过数据使用许可合同来保护他们的投资，并以此作为特殊数据库权利保护的替代方法。结果导致数据库特殊权利的实际效果并不理想。欧盟委员会已经宣布,将对《数据库指令》进行评估,修改现有的框架,并确定新的数据权利的范围。

3.4　共享绩效

3.4.1　科研共享绩效

在科技部发布的《国家科技基础条件平台认定与考核》中,为国家科技基础条件平台建立了 4 个一级指标 12 个二级指标组成的服务绩效评价体系。

3.4.1.1　服务数量评价

资源服务量指标:重点考核资源服务的数量及其年增长情况,包括提供实物资源服务的数量、信息资源服务下载与访问量、技术研发服务项目的数量、技术与成果推广服务的数量、培训服务的人次等方面的情况。

服务对象数量指标:考核平台服务对象的范围及数量,包括服务于科研院所、高等院校、企业、教育部门、政府部门、军事国防部门、民间组织等数量,着重考核对平台参建单位以外的服务数量。重点考核服务于各级各类科技计划(项目/课题)、技术创新、重大工程建设等方面的数量。

专题服务数量指标:重点考核在平台已有资源的基础上,针对国家科技、经济、社会发展等某一主题领域的相关需求,对资源进行深度挖掘与集成,开展专题服务的数量。

3.4.1.2　服务成效评价

科技支撑效果指标:重点考核平台支撑科学研究和技术创新取得的突出贡献,以对论文、论著发表、专利获取、标准制定、科研成果获奖等的支撑情况。

社会效益指标:重点考核平台支撑重大工程、企业创新、服务民生、应急事件、科学普及、政府决策等方面所产生的社会效益。

经济效益指标:重点考核平台科技资源开放共享所产生的直接或间接经济效益情况,主要包括通过平台服务降低的投入成本、为服务对象带来的经济效益等情况。

服务对象满意度指标:重点考核平台资源服务的满意程度,包括平台的服务态度、服务效果、服务的及时性和有效性、有无出现重大事故或恶劣影响等。通过国家平台门户监测、第三方对用户随机抽查、平台自查等方法形成的平台用户满意度情况调查结果，进行综合评价。

3.4.1.3 运行管理评价

组织机构运行指标：重点考核平台运行服务专门管理机构以及决策、咨询、监督机构的运行协调情况和责任落实情况及效果。

制度落实指标：考核平台在管理、共享服务、利益分配等方面的制度规范落实情况。重点考核管理的规范性和科学性，共享服务的方式、服务流程的标准化和体系化、经费分配和支出合理性等。

支撑保障指标：重点考核平台主管单位和参建单位的平台运行服务专门岗位的设置情况，在运行管理、技术支撑、共享服务人员队伍方面的落实情况，以及在配套经费、软硬件保障等方面的落实情况。

3.4.1.4 资源整合评价

资源增量与质量指标：重点考核平台新增资源情况。其中资源增量主要包括平台新整合的资源量以及针对平台特点和服务需要，拓展挖掘的相关资源数量；资源质量主要指整合的资源应符合相关标准和技术规范要求，能够满足用户需求。

资源维护与更新指标：重点考核平台实物资源和信息资源的维护与及时更新情况，强调资源的安全性、有效性和可靠性，以及向国家平台门户汇交科技资源信息的数量、质量等情况。

3.4.1.5 创新评价

经过十几年的发展，"十三五"期间针对科技资源共享服务平台运行绩效研究，已经从早期的科技资源投入、资源影响力、资源优化配置、用户满意度等向科技创新支撑展开。强调国家科技资源共享服务平台的核心目标是加强科技创新，并在理论和实践层面开展平台对科技创新的支撑研究，并提出了相应的评价指标体系[18]，进一步深入共享绩效领域探索（表3.3）。

3.4.2 政务共享绩效

2017年5月，国务院发布《政务信息系统整合共享实施方案》（以下简称《方案》）。"十二五"以来，通过统筹国家政务信息化工程建设，实施信息惠民工程等一系列举措，政务信息系统整合共享在局部取得了积极成效，但未能从全局上和根本上解决长期以来困扰我国政务信息化建设的"各自为政、条块

表 3.3 国家科技资源共享服务平台创新服务评价指标体系

指数	贡献维度	维度要素	统计指标
CIPS	创新产出数量	科技成果	论文数量、专著数量、图谱与其他正式学术出版物数量之和
			专利数量、标准数量、软件著作权与其他注册（备案）出版物数量之和
			新产品/品种研发
			专报、咨询报告、决策建议等具有相当重要程度的非公开发表成果
			不在上述类型的其他第三方科技成果
		科技活动	由政府部门或企业资助的可公开的各级各类科研或技术改造项目数量
			支持的省部级以上（包括国际合作）重点/重大科技工程，或重大的管理决策与管理行动
			不属于上述两类的科技研发与技术改造项目
CIPE	创新活动效率	每项科研活动平均对应的科技产出数量	服务群体的人均各类科技成果数量
			服务群体的人均科技活动数量
CIPQ	创新产出质量	高质量创新成果占比	当期纳入 SCI、EI、SSCI 等国际检索的论文数量占总成果数量的比例
			当期发明专利占总成果数量的比例
			获得省（直辖市）部级及以上奖励的科技成果数量占总量的比例
			获得省部级部门和领导批示的文件、报告等
CIPLP	长期创新潜力	服务范围与结构	平台登记用户的总数量
			平台登记的机构数量
		服务总量	平台可提供的各类电子资源的总量（如果有）
			平台用于共享的各类实物资源的总数量（如果有）
			平台可提供的用于共享的总机时（如果有）
			平台提供的各类服务的总量
		服务质量	主管部门认可的专题/主题服务数量
			服务省级以上重大项目/重大工程的数量
			服务重大公共管理决策与管理行动的数量
			服务群体满意度
		综合服务潜力	社会认知度
			各类媒体中与平台相关的报道次数
			主要群体的关注度与认知度

注：CIP 表示创新贡献综合指数，反映平台对科研发展的综合贡献；CIPS 表示创新产出数量贡献指数，反映平台对科研活动数量变化的贡献；CIPQ 表示创新产出质量贡献指数，反映平台对科研活动质量变化的贡献；CIPE 表示创新活动效率贡献指数，反映平台对科研活动效率变化的贡献；CIPLP 表示长期创新潜力贡献指数，反映平台对科研活动的长期贡献潜力。

分割、烟囱林立、信息孤岛"问题。为更好地推动政务信息系统整合共享，根据《国务院关于印发政务信息资源共享管理暂行办法的通知》（国发〔2016〕51号）、《国务院关于印发"十三五"国家信息化规划的通知》（国发〔2016〕73号）等有关要求，制定该实施方案。《方案》指导思想之一是"紧紧围绕政府治理和公共服务的改革需要，以最大程度利企便民，让企业和群众少跑腿、好办事、不添堵为目标，加快推进政务信息系统整合共享"；基本原则之一是"统一评价体系。研究提出政务信息共享评价指标体系，建立政务信息共享评价与行政问责、部门职能、建设经费、运维经费约束联动的管理机制"；在《方案》"二、加快推进政务信息系统整合共享的'十件大事'"中第九条明确："一体化服务，规范网上政务服务平台体系建设。加快推动形成全国统一政务服务平台，统筹推进统一、规范、多级联动的'互联网+政务服务'技术和服务体系建设。加快推动国家政务服务平台建设，着力解决跨地区、跨部门、跨层级政务服务信息难以共享、业务难以协同、基础支撑不足等突出问题（国务院办公厅牵头）。各地区、各部门要整合分散的政务服务系统和资源，2017年12月底前普遍建成一体化网上政务服务平台。按照统一部署，各地区、各部门政务服务平台要主动做好与中央政府门户网站的对接，实现与国家政务服务平台的数据共享和资源接入（各地区、各部门负责）。"综上，为我国政府的共享绩效体系提供了指导方针和规划。

在地方发布的各省（直辖市）的共享条例中，有关数据共享内容多侧重共享的原则、共享属性、共享程序、例外处理、数据法律效力等，鲜有提及共享绩效内容。在地方标准中，也有绩效考核制度，但此处的绩效是从数据的连续性、一致性、规范性、真实性、完整性与有效性等方面，对数据提供单位进行绩效评分考核，对存储数据的传播、使用指标提及不充分。

3.4.3　共享绩效发展

我国以国家科技基本条件平台为首的科研数据共享绩效评估和评价指标体系提出得早，并且是从数据资源出发，直接面向显性的服务效能和运转效率，更易理解，指标易获得，可操作性更强。我国政务共享绩效是围绕政府治理和公共服务的改革需要；目标是建立统一、规范、多级联动的"互联网+政务服务"技术和服务体系；实现跨地区、层级、机构的业务协调，强化基础支撑，最终以人为本。政务共享绩效是站在社会治理的高度，视野开阔，更能体现行业数字化赋能，层级更高，外延范围更大，共享绩效的评价体系也将更加复杂和系统化。

虽然目前科学数据的共享绩效仍以行业、学科的数据使用和传播为主，服务人群、部门范围比较清晰、稳定，但仍属于扁平化评价体系，与全社会科学创新战略实施，打造跨行业、跨领域的交叉学科发展创新动力还有较大差距；另一方面，随着数据处理技术和信息化、数字化不断向前发展，大数据、云计算、区块链、智联网、5G 等新 ICT 技术加快传统领域和行业的数字化升级改造，特别是面向政务共享提出的多级联动、行业纵深协调、基础支撑的基本要求，除在共享技术、架构、数据层面提出更新、更高的要求外，还进一步拓展了共享资源外延。现在各行业和领域普遍开发大数据、人工智能技术在预测、预警和应急方面的应用，模型的训练、实时处理都需要有强大的算力支撑。行业大数据和 AI 算法的设计、开发、部署、优化是属于知识密集型、资金密集型的研究工作，成熟算法研究和落地应用不亚于打造新系统的生态链。因此，算力资源和算法资源将成为下一代共享的重点。未来共享绩效也需要将二者考虑在内，制定紧贴行业数字化发展和创新需求、可量化、可易得的共享绩效评估体系。

第4章　生态环境大气领域数据共享实践

4.1　大气环境领域科学数据特征

　　大气环境学是大气科学和环境科学两种学科交叉的分支学科，是从人类环境的角度研究地球大气。它主要研究大气组分（组成大气的气体和气溶胶粒子）的物理和化学特性、迁移转化规律以及它们与人类活动、气象和生态系统之间的相互影响。伴随着我国大气污染的防治历程从起步、发展、转型到攻坚阶段，大气环境监测作为重要的科技支撑体系，更是得到迅速发展，监测技术、设备和手段日趋多样化。在大气重污染成因与治理攻关项目（简称大气攻关项目）中，专门组建了立体观测网，集业务化观测网、组分观测网、超级站观测网、雷达网、卫星观测于一体，形成了空气质量和污染物排放空天地立体观测数据网络。大气环境科学领域的数据具有以下特征：

　　（1）以化学物种为主。包括空气成分、颗粒物组分、企业排放污染物、交通排放污染物、居民生活排放污染物等。其中，空气质量监测成分包括常规六参（PM_{10}、$PM_{2.5}$、SO_2、NO_X、O_3、CO）；颗粒物组分包括碳组分、水溶性离子、微量元素三大类，共计100多种；企业排放污染物包括烟尘、硫氧化物、氮氧化物、VOC 等，共计300多种。

　　（2）监测方法多。科学数据是源于数据采集/监测方法的科学性，而方法的科学性和规范性是以国家标准和行业标准作为背书的。当前，各类化学物种监测方法众多，主要分类：一是环境空气质量监测标准，包括环境空气气态污染物（SO_2、NO_2、O_3、CO）连续自动监测标准、环境空气颗粒物（PM_{10} 和 $PM_{2.5}$）连续自动监测标准、环境空气半挥发性有机物采样标准、环境空气颗粒物（$PM_{2.5}$）手工监测方法（重量法）技术规范、环境空气 PM_{10} 和 $PM_{2.5}$ 的测定重量法、环境空气质量手工监测技术规范、环境空气质量标准、环境空气质量监测点位布设技术规范、室内环境空气质量监测技术规范、酸沉降监测技术规范、环境空气质量自动监测技术规范等，共计20余项；二是企业污染物排放标准，包括电池工业污染物排放标准、水泥工业大气污染物排放标准、砖瓦工业大气污染物排放标准、电子玻璃工业大气污染物排放标准、轧钢工业大气污染物排放标准、炼钢工业大气污染物排放标准、炼铁工业大气污染物排放标准、钢铁烧结、球团工业大气污染物排放标准、火电厂大气污染物排放标准、平板玻璃工业大气污染物排放标准、铸造工业大气污染物排放标准、农药制造工业大气污染物排放标准、涂料、油墨及胶粘剂工业大气污染物排放标准、制药工业大气污染物排放标准、挥发性有机物无组织排放控制标准、烧碱、聚氯乙烯工业污染物排放标准等，共计 60 余项。

（3）数据不可溯性。随着传感器技术、物联网的发展，自动化监测台站获得的数据已经成为数据源的主流，占比在 90% 以上。这部分数据是基于空气和生产的一种实时状态的监测，数据不可追溯，而作为平行样品进入实验室检测，又因其多要求冷链保存和运输，在这一过程中常伴有少量挥发等问题，所得数据也不完全客观。

（4）数据多源性。一是因监测方法不一致，如对空气污染物的监测中，既有自动化监测数据，又有手工监测数据。自动监测数据因采用自动化的监测技术优势保有数据的连续性，手工监测数据因实验室检测的条件好且支持的监测方法多，可以测更多的指标，保有数据的完整性。因样品采集手段呈先进性和多样性并重，合规性不一。造成同一物种数据可能来自实验室，也可能来自自动在线台站。二是因数据产出机构众多，自动化台站和组网已经成为地方政府作为管理工作的重要保障，各级政府、部门、不同科研项目都会大量监测数据产生，存在数据多源多套。

（5）数据的空间属性强，数值可比性差。大气科学监测数据本身来自监测站点和排放点位，站点/点位部署的地理位置、排口高度都会对数值产生影响。因为监测站点/点位周围的环境组成，包括地形、企业和居民区总量、分布及规模形成的局地污染对监测站点的数据影响更大，不同站点的数据可比性差。

（6）数据种类多、跨域跨系统。大气环境质量取决于气候气象、经济结构、人口规模、交通网络、能源水平等的影响，反过来还对会社会经济发展、人群健康、区域交往甚至国际关系都产生重要影响。因此，综合的大气环境科学数据集不仅包括各种监测数据，还包括经济数据、健康数据、交通数据等。

（7）数据结构类型多样。包括结构化数据，如监测数据；半结构化数据，如以表格形式提交的调查数据；非结构化数据，如以文件、信息系统、多媒体形式提交的科研成果等。

（8）数据产生量大。伴随着基于物联网传感器的自动化监测技术与设备的普及和多样化，大气环境科学领域的数据量呈井喷式增长，其中仅空气质量监测数据在 2015 年底就已经超过 10 TB。

4.2 攻关科研数据需求

京津冀地区 2015 年的生产总值约占全国的 10.2%，是我国经济最发达的区域之一，但 $PM_{2.5}$ 年均质量浓度达到 77.0 $\mu g/m^3$，远超全国平均水平，是全国空气重污染高发地区[19]。基于京津冀及周边地区大气污染防治的需要和环境空气质量管理需求，设定攻关项目总目标为构建立体观测、实验室模拟和数值模拟相结合的综合研究系统，识别京津冀及周边地区秋冬季大气重污染来源和主要成因，实现空间上城市尺度、时间上污染过程尺度的精细化描述，建成综合科学决策支持系统，形成科学结论，回应社会关切，支撑京津冀及周边地区大气污染防治的科学决策和精准施策，为其他区域提供科学指导与行动指南，打好蓝天保卫战，保护公众健康。具体目标包含三个方面：一是结合现有环境监测网络，构建支撑大气污染机理研究和科学决策的大气污染综合立体观测系统，明确秋冬季大气重污染的气候、气象影响和二次转化机理，实现不同地区、不同时段 $PM_{2.5}$ 及有毒有害物质来源的精确识别，形成大气重污染来源成因的科学结论，评估大气重污染对人群健康的影响和健康防护措施的效果，并做好向公众的科学解读。二是完善京津冀及周边地区污染源排放清单，建立非电行业、柴油机、农业和农村面源的动态高时空分辨率排放清单，制定重点行业强化管控技术方案。三是构建集重污染天气应对和空气质量持续改善于一体的大气污染防治综合科学决策支持平台，为全国和重点区域大气污染防治提供科学方法、工具包、优化措施和政策体系。大气攻关项目设 5 个研究部——大气重污染来源与成因、排放现状评估和强化管控、综合科学决策支撑、大气污染对人群健康影响以及城市研究部，在研究架构设计上为专题—课题—子课题三级科研体系，28 个研究方向，从大气重污染三大因素——污染排放、气象条件和区域传输入手，对污染来源、排放强度、时间分布、行业分布开展精细化、定量化研究。

大气攻关项目涉及京津冀及周边 28 个城市，该区域是我国空气污染最严重、空气质量亟须改善的区域，与此同时，也是我国人口、工业分布最密集的区域，区域经济发展贡献占比大，能耗比平均值超出 30% 的区域。从大气攻关项目目标可知，该项目是开创性、艰巨性、区域性的工作，要求将科研成果迅速转化为管理支撑，并实现区域性的空气质量改善。因此，攻关数据的需求是全方位的：

（1）覆盖以 $PM_{2.5}$ 为主的污染物生消全生命周期过程的综合数据集。以

PM$_{2.5}$ 为例，其污染产生是人类生产和生活排放的污染物，主要来源包括四大类——尘类源、燃烧类源、二次源和其他源。尘类源包括扬尘、道路尘、建筑尘、土壤尘；燃烧类源包括汽油车、柴油车排放、燃煤源、生物质燃烧、木材秸秆燃烧、厨房排放、肉类烹饪、中西餐饮、香烟燃烧、天然气燃烧等；二次源包括二次硫酸盐、二次硝酸盐；其他源包括植物碎屑、海盐源、船只排放。在制定 PM$_{2.5}$ 污染减排措施时，除了掌握其主要来源外，还需要分析其具体组分，有针对性地制定措施。PM$_{2.5}$ 组分由碳组分、水溶性离子、无机元素组成。水溶性离子有 Ca^{2+}、Mg^{2+}、Na^+、K^+、NH_4^+、Cl^-、F^-、SO_4^{2-}、NO_3^-、$C_2O_4^{2-}$、PO_4^{3-}、NO_2^-、$HCOO^-$、MSA、CH_3COO^- 等。无机元素包括 Al、As、Ba、Br、Ca、Cl、Co、Cr、Cu、Fe、Ga、In、K、Mg、Mn、Mo、Na、Ni、P、Pb、Rb、S、Sb、Se、Si、Sr、Sc、Ti、V、Zn、Zr 等。

（2）聚焦多证据耦合研究的数据需求。建立广泛科学共识，突破以往研究系统性、全局性不足的局限，基于单一源数据的可信性，在项目研究过程中始终通过引入多源数据集，建立多数据、多证据印证机制，保障在数据分析、治理措施、目标改善上达到动态最优。因此，需要建立空天地一体的立体监测网络，对颗粒物、硫化物、氮氧化物、臭氧及其前体物等气态污染物、环境气象参数开展立体监测，以分析污染物垂直分布和远距离迁移，准确定位污染的大气传输通道；在地面，形成了以常规站、微站、超站、激光雷达走航及垂直探测等技术集成的精细化监测网络，通过加密数据观测获得污染近地面的动态分布和行业停限产措施的实施效果，实时跟踪重污染过程发生、发展、传输和消散；由于监测网络通常部署在城市地区，而城市远离工业污染源，并不能反映真实的区域空气质量，因此将常规空气质量监测站点向污染源端迁移，拓展至区县；开展在线和手工相结合的组分监测，保证数据的连续性和完整性，实现数据统计趋势的印证，通过集合超级观测站、移动观测平台、地基雷达和卫星遥感等技术获取的数据，精确掌握 PM$_{2.5}$ 组分变化和污染来源。融合地基遥感的新型卫星反演算法，提高了遥感准确度，实现高分辨率连续监测数据，以准确刻画空气污染的分布和演变趋势。

（3）跨系统、跨行业的数据整合需求。重污染天气过程受大气污染物排放和扩散条件共同影响，而扩散条件与天气状况紧密相关，当天气条件保持静稳，大气中的污染物向水平或者垂直方向上扩散都不容易，污染物在大气的浅层逐渐聚集，从而加重污染。大气边界层是靠近地球表面受地面动力、热力和物质交换影响的大气底层，是直接受地球表面影响的大气层，其风速、湍流、热量、水汽等参量的垂直分布都直接受地球表面的影响，其垂直厚度变化很大，一般从夜间几十米到午后约 2 km。大气边界层受大尺度、中小尺度天气系统以及局地系统的直接影响。由于生产活动向大气边界层排放的污染物，如颗粒物，就是以大气边界层为载体而出现以污染粒子的浓度空间分布为特征的污染粒子边界层结构。这一类边界层，由于水平方向的交换或输送作用，在相当的水平范围或区域内显示出特殊的规律，即区域性特征。大气边界层是受着不同性质的多重因素的作用，而具有区域性动态特征并载有各类参量的大气层[20]，因此，研究大气污染边界层的区域特征，可以更好地揭示空气质量及其演变。此外，天气型对大气污染过程形成的影响研究已经成为重要的分析方法。现有研究已经将京津冀区域的大气污染归纳为静稳积累型、沙尘型、复合型以及特殊型等，而研判每种污染类型都需要有气象数据支持。《空气污染扩散气象条件等级》标准（QX/T 413—2018）采用空气污染气象指数进行空气污染扩散条件等级划分。空气污染气象指数是综合考虑空气污染扩散条件和污染物浓度来表征影响空气污染程度的气象指数，其共分 0～100、100～150、150～185、185～200、200～250、≥250 六个等级，污染扩散条件从强变差，分别对应非常有利于污染物扩散、有利于扩散、较不利于扩散、不利于扩散、很不利于扩散、极不利于扩散等。参加空气污染气象指数的计算气象要素，包括地面要素和高空要素两部分。地面要素有 24 h 变温、24 h 变压、2 m 相对温度、海平面气压、10 m 水平风速、10 m 风向；高空要素选取 1000 hPa、925 hPa、850 hPa、700 hPa、500 hPa 高度，包括相对温度、水平风的东西风量（U）和南北分量（V）、水平风速、垂直速度、散度、24 h 变温、混合层高度，以及任意两层气压层之间的相对湿度、位温、风速的差值。

PM$_{2.5}$ 是我国主要的大气污染物之一，也是长期暴露研究中结果最一致的、健康危害最明显的大气污染物之一。在我国大部分地区，PM$_{2.5}$ 的浓度一直较高，2014—2016 年分别有 95%、87% 和 81% 的人群暴露于超过国家二级标准（GB 3095—2012）规定的 35 $\mu g/m^3$ 的环境中，远高于世卫组织（WHO）空气质量指导（Air Quality Guidelines，AQG）建议的 10 $\mu g/m^{3[21]}$。大量的流行病学研究表明，长期暴露于高浓度的 PM$_{2.5}$ 环境中，可显著增加人群，尤其是生活在中低收入地区人群的多种疾病发病率和死亡率。2015 年全球疾病负担（Global Burden of Disease，GBD）研究报告显示，PM$_{2.5}$ 已经成为全球第五大致死因素。2015 年全球可归因于 PM$_{2.5}$ 暴露的死亡人数为 420 万人，其中中国为 110 万人，占比超过 1/4。国内的研究表明，我国 2013—2017 年 PM$_{2.5}$ 导致的过早死亡人数在 90×10^4～120×10^4 人之间，2017 年 O$_3$ 污染导致过早死亡的人数为 9.8×10^4 人，其中 PM$_{2.5}$ 导致的健康影响是 O$_3$ 的 6.4～7.5 倍。因此，本次攻关项目中还重点研究了大气污染对人群健康效应的研究。从人群健康角度分析，我国大气 $PM_{2.5}$ 和 O_3 污染导致的健康效益时空变化趋势及其影响因素，常采用过早死亡人数据、人口总量、人口老龄化、基准死亡率和 $PM_{2.5}$ 暴露浓度等数据。

（4）精细化的污染源排放监管数据需求。聚焦精准识别主要污染源，深入挖掘各地减排潜力，研究提出符合地方实际的大气污染防治综合方案的目标支持，对减排措施的可行性分析离不开污染源清单、污染源排放监管数据、污染排放统计数据等的综合应用。虽然生态环境部和各地方政府每年均会发布环境统计年鉴、环境状况公报，各行业在发布的行业年鉴中，也会对本行业的污染排放进行统计并向社会公布，但以上统计数据的时间粒度是以年为单位，而且是对上一统计年统计结果的发布，可用于地方污染形势和治理绩效的历史宏观分析。另一方面，不同行业、不同部门统计污染物排放数据的口径不同，对生产企业的分类不同，统计覆盖的生产工艺、生产工段不同，统计的排放设施不同，都会对数据的可比性造成干扰。如果实现实时跟踪污染过程、准确研判为各地方量身打造的减排措施的减排成效，必须直接面对污染源，开展以排口为单位、实时生产工况下污染物排放数据的分析。企业大气污染物排放监管数据具有以下优势：一是监测大气污染物种类多，除烟尘（PM_{10}、$PM_{2.5}$）、SO_2、NO_x、CO、CO_2 外，还有重金属、VOCs 等；二是监管的污染物排放齐全，从生活源到工业源，从面源到高架源，从有组织排放到无组织排放，均需要遵守不同的监测方法和程序以保证数据的可靠性；三是监管覆盖的污染排口数量多，企业污染物排口数量由其行业类型和生产规模决定，一般为十几到几十个；四是高分辨率、高机动性新监测技术手段多，可以与在线运行排口监测数据进行互为补充[22]。通过污染排放实时监管数据还为排放清单的数据治理提供有效支持。监测设施均安装在治理设施之后，因此才能对生产端废气的收集效率、生产原料和燃料的污染输入无法监测。大气污染物源排放清单编制和污染源优先控制分级是制定大气污染物优化减排方案、环境空气质量达标规划和重污染天气应急预案的重要基础和科学依据。源排放清单是指各种排放源在一定的时间跨度和空间区域内向大气中排放的大气污染物的量的集合。大气污染源排放清单是大气环境研究和大气环境管理的重要基础，对城市和区域摸清自身大气污染来源、分析污染成因并提出合理管控措施具有十分重要的意义。大气污染源排放清单涉及工业、农业、交通、生活等人类活动的方方面面，每一类污染源又可以细分成若干子类，形成十分复杂的污染源分级分类体系。目前将城市大气污染源分为化石燃料固定燃烧源、工艺过程源、移动源、溶剂使用源、农业源、扬尘源、生物质燃烧源、储存运输、废弃物处理源和其他排放源等 10 类，涉及部门行业、燃料产品、燃烧工艺技术和末端控制技术。在攻关项目中开展自顶向下、基于基层网格化管理的城市污染源排放清单调查和数据采集工作，将排放清单活动水平数据收集的信息渠道延伸到环境管理的最后 1 km[23]。

为破解长期存在的大气环境科学数据碎片化、孤岛化，数据来源单一、数据类型少、数据量少等难题，满足大气攻关科研数据的全方位需求，通过整合系统内外，以及全社会的力量，扩大大气环境数据资源采集渠道，建立了由大气攻关中心、部属机构、国家部委机构、社会机构等多种合作机制组成的多源数据集成机制。在大气攻关项目组内，以项目管理办法为依托，建立项目组内部课题数据汇交机制，完成大气立体监测观测数据、颗粒物组分分析数据、污染源排放统计数据、模型模拟数据采集；在环保系统内部，依托与各直属机构的业务关系，汇交排污许可数据、污染源排放数据；与部委合作，开展气象数据和健康数据的汇交；积极与社会机构合作，完成社会化监督数据采集。正是基于上述多边多源数据合作和集成机制，建立了由大气监测观测、污染源排放、气象观测及探空数据、来源解析、健康及体检数据、社会经济、空间数据、基础数据、质控数据、标准规范、模型方法等 11 大类、39 个业务数据集构成的大气环境科学综合数据集，数据总量达到 TB 级，实现多源数据在线集成、统一管理和全面共享。

4.3 共享资源目录

分类是知识组织的有效方式。随着计算机和互联网技术的迅速发展，知识本体经历了文献、信息化、数字化等发展阶段，相应地产生了图书资料分类法、网络信息分类法、电子政务分类法等。分类法在单一知识组织功能中增加了知识发现新功能。经典分类法（如中国图书馆分类法和杜威十进制图书分类法）向自动化、信息化发展，实现了从传统手工纸质图书资料分类向自动化、网络化的信息分类转型。在这一过程中，用户驱动型的分类开始出现。随着电子政务的兴起和发展，基于元数据标准的目录服务成为信息共享和复用的技术标准，而分类法是电子政务目录体系建立的基础。大数据时代，信息更多地分散于数据中，呈现数据量大、数据处理速度快、数据结构多样性和数据价值密度低等特点，基于互联网数据采集和检索的搜索引擎技术可满足信息发现和复用需求。在大气环境数据资源共享建设中，如何集合分类方法和现代检索技术，实现信息的高效组织、发现和利用，成为需要解决的难题。

中国图书馆分类法（简称中图分类法）以学科分类为基础，设有 22 个基本大类。对环境科学分类设有 8 个一级类目，分别是环境科学基础理论、社会与环境、环境保护管理、灾害及其防治、环境污染及其防治、废物处理与综合利用、环境质量评价与环境监测、安全科学。1999—2010 年中图分类法的环境分类有了大幅调整，增加了 30 个二级类目。大气污染及其防治分类设在环境污染及其防治一级类目下，三级分类包括气相污染物、恶臭物质、粒状污染物、光化学烟雾、酸雨；在环境监测下有大气监测子类，对应的一般性问题包括监测试样采集、监测分析方法、监测数据处理、监测质量控制和应急监测。中图分类法在专业分类应用上存在 3 个问题：①中图分类法为体系分类，属于预列类目，固有的缺陷是不能详尽无遗地列出已知主题，对不断涌现的新概念更是不能及时吸纳；②中图分类法版本更新周期较长，与现代环境科学迅速发展不相协调；③现代科学具有高度细化、高度综合的发展特点，这种缺陷在专业分类上更加凸显，不能满足大气环境科学综合数据分类的要求[12]。

《环境信息分类与代码》（HJ/T 417—2007）有 10 个一级类目，包括环境质量信息、生态环境、污染源、环境管理业务、环境科学及其管理、环境保护产业、环境政务管理、环境政策法规标准、环境保护相关信息、其他环境信息等。大气环境质量数据为环境质量信息下的三级类，其下包括气态污染物数据、降水数据、颗粒物数据、臭氧和温室气体数据、其他大气环境质量数据等。与当前空天地立体观测网联合观测产生的精准化业务数据相比，该标准对大气环境质量数据的分类及类目编排过于宏观，不符合大气环境科学综合数据的分类标准要求。

大气攻关项目组汇交的数据具有如下特征：①数据来源复杂，既有来自项目组的监测观测数据，包括空气质量、颗粒物组分、激光雷达监测文件等；也有课题组和政府发布的调查数据（以文件的形式提交），科研产出成果数据（如研究报告、论文、信息系统、模拟数据），项目外采集数据（如污染源排放、气象、标准规范、基础数据等）。②数据结构多样、数据量大、时效性强，指标表达方式多样化。③数据采集手段呈先进性和多样性并重，合规性不一。综上，大气领域研究的技术、方法和数据已经发生巨大的变革，传统的分类体系既不适应也不能准确反映科研领域研究及科研数据的变化特征。需要根据业务需求，开发易于理解、面向精准化数据集的分类体系。对行业大数据分类体系建设要坚持实用性、科学性、均衡性等原则。基于美国联邦企业架构框架数据类目业务化、资源化原则，定位于数据发现路径设计，提升多元异构海量数据的检索效率，采用分面分类法建立大气环境数据资源分类体系。在分面分类结构中，等级分类采用经典方法，以环境信息分类法的类目层次为基础，其一按照实际采集的综合科研数据种类进行类目的扩充和细化,保证分类体系的完整性;其二根据数据对业务的必要性调整类目层级,保持分类体系结构的一致性;其三在平面结构的划分上,依据数据特征(如结构化特征、时间特征)和用户习惯等进行面分类。依据《大气重污染成因与治理攻关项目数据管理办法》《大气重污染成因与治理攻关项目数据管理技术规定》,参照《环境信息分类与代码》(HJ/T 417—2007)框架体系,建立了标准化大气环境科学数据分类体系(表4.1)。该分类体系充分考虑了大气环境数据存在的来源广、类型杂、规模小、分类难等问题,根据环境信息分类与编码的有效范围和容量,确定大气环境科学的具体分类方法和结构,为综合数据的规范化管理、构建归一化数据集奠定了基础。为保证分类体系完整,大气环境科学综合数据遵循《环境信息分类与代码》分类框架,并根据新数据和新业务的需求,新增3个二级类目、4个三级类目、7个4级类目、5个5级类目;丰富《环境信息分类与代码》中6个类目的信息。该分类体系的建立解决了大气环境数据分类难题,为构建规范化、归一化的标准大气综合数据集,以及数据采集与共享平台数据的规范管理、汇交与共享奠定基础。在数据发现上,采取的技术路线是先分类,按大类执行共享,并提供树形目录(表4.2),便于快速进入。

表4.1 大气环境数据分类

标准编码	标准分类	大气攻关数据新增分类
010202	大气环境质量数据	大气监测观测数据 自动监测 手工监测
01020203	颗粒物数据	—
0102020301	−(5)	组分数据(含特征数据)
010202030101	−(6)	碳组分数据
010202030102	−(6)	水溶性离子数据
010202030103	−(6)	元素数据
010202030104	−(6)	常规气体数据
0102020302	−(6)	单颗粒质谱数据
01020205	−(4)	气溶胶光学特性 浊度 激光雷达监测数据 走航监测数据

续表

标准编码	标准分类	大气攻关数据新增分类
030102	工业废气污染源	非高架源企业 基本信息 生产信息
03010201	工业废气污染源监测	非高架源企业排口 监测数据 小时数据 日数据
03010202	工业废气污染源调查	(非高架源)企业基本信息
03010204	- (4)	高架源企业 基本信息 生产信息
0301020401	- (5)	高架源企业排口 监测数据 小时数据 日数据
0310	- (2)	污染源排放清单
0311	- (2)	污染源图层
040205	污染源限期治理项目管理	污染源治理信息 企业治理信息 面源治理信息
040206	污染源排放总量控制	污染源排放信息
040705	质量控制管理	质控数据
04070501	- (4)	在线监测质控报告
0407050101	- (5)	组分在线监测质控报告
0407050102	- (5)	空气质量监测质控报告
0407050103	- (5)	污染源监测质控报告
04070502	- (5)	手工监测质控报告
040706	自动监测管理	自动监测管理
04070601	- (4)	自动监测站信息 空气监测站 组分监测站 监测站图层

续表

标准编码	标准分类	大气攻关数据新增分类
040708	－（3）	采样点管理
04070801	－（4）	采样点图层
041401	环境信息收集	基础数据
04140101	环境统计	区域数据 工艺类型
041402	环境信息化建设	环境信息化建设
04140208	业系应用系统	业务应用系统
050105	环境污染及其防治科技信息	—
05010502	－（4）	大气污染及其防治 污染源解析
050107	环境质量评价与 环境监测科技信息	模型模拟 模拟方法 模拟数据 空气质量预报 城市污染来源预测 区域来源 行业来源
050108	劳动保护科学/安全科学	健康及体检数据
0502	环境科技管理	环境科技管理
050202	环境科技成果管理	环境科技成果管理 研究报告 技术指南 出版物
05020203	－（4）	非工程技术管理 预测预报技术 监管技术
9901	－（2）	多媒体数据
990101	－（3）	图形
990102	－（3）	视频
990103	－（3）	其他

表 4.2　大气环境科学数据资源目录

一级目录	二级目录	三级目录
空气质量监测	归一监测数据、项目数据、其他来源	点位小时数据、点位日数据、城市小时数据、城市日数据；世界空气质量指数；美国大使馆数据
组分监测	全量监测数据、分量监测数据、单颗粒质谱数据	监测数据、实验室数据；EC/OC 数据、水溶性离子数据、元素数据
激光雷达监测	组分网雷达数据、区域站雷达数据、走航雷达数据	气溶胶监测数据、臭氧数据、风温湿监测数据
污染源排放	污染源、排口在线监控数据、城市源排放清单	归一企业数据；排污许可企业、高架源企业、自行监测企业；废气排口数据；归一排口监控数据；高架源监控数据、自行监控数据
气象观测及探空数据	地面观测数据、精细化气象预报数据、天气公报、每日天气提醒	实况数据、每小时数据、预测数据、历史回溯数据
源解析	城市污染来源、文件类数据	区域来源预测、行业来源预测
健康及体检数据	健康统计数据、文件类	—
社会经济	人口、经济	城市人口、城市 GDP
空间数据	行政区划、污染源、监测点位、道路交通、水系	空气监测点位、组分监测点位、激光雷达监测点位、气象站点
质控数据	在线质控数据、实验室质控数据、文件类	
基础数据	区域数据、行业数据、行业分类、燃料数据	企业基本信息、企业治理信息、主要产品产能信息
政策法规标准	环境保护法律、环境法规、部门规章、标准规范、管理政策、其他	环境行政法规、地方环境法规；污染物排放标准、监测规范/方法标准、环境质量标准、环境保护管理标准；国家环境政策、地方环境政策、其他政策
模型模拟	模拟方法、模拟数据	—
研究成果	技术创新、研究报告、技术资料、业务系统、出版物、其他研究成果	预测预报技术、监管技术、治理技术、其他技术
多媒体	图形、视频、音频、其他	—

4.4 元数据

元数据是描述其他数据的数据。对于科学数据的共享问题而言，元数据不仅仅是简单的"数据的数据"，而是用以支撑各种系统功能需求的结构化数据。通过元数据的质量控制，可以更好地实现科学数据的共享和不同数据仓储之间的互操作，从而避免科学数据存储的重复，实现科学数据的互通。

《环境信息元数据规范》（HJ720—2017）规范环境信息元数据标准建设，规定了环境信息元数据标准框架，对对象类、特性、分类方案、值域、数据元概念、数据元、数据集规范、术语、指标、数据集、质量声明共 11 个管理项的元数据进行了规范。环境信息元数据标准框架围绕数据采集标准化和数据共享应用两个方面构建。为了实现数据采集标准化，规范了 7 种元数据对象，分别为对象类、特性、分类方案、数据元概念、值域、数据元、数据集规范。其次从数据共享应用出发，规范了 3 种元数据对象，分别为指标、数据集、质量声明。术语作为单独的元数据项目进行注册管理。

对象类和特性构成数据元概念，根据分类可以制定值域，数据元概念和值域构成数据元，若干数据元组成数据集规范。根据业务需要提炼出需要采集的核心数据元，并按照数据元的元数据规范对所有数据元进行规范的表达后形成数据集规范，生成实例数据集。数据集按照其元数据规范进行描述，则可以为形成的信息资源目录奠定基础。

指标可以是一个具体的数据元，也可以通过不同的数据元计算得出。数据集规范和数据集中都可以包括指标，或者用于计算的数据元。指标的元数据规范可以用于建立有一致性理解的指标概念、计算方法、评价标准和表示方式。质量声明是对具体数据集从不同维度进行质量评价后得出的结论，可以为数据使用者提供更多有关数据质量的信息。

元数据项的属性包括标识类、声明类、定义类、关系类、表示类、内容类、分发类、数据质量类、覆盖范围类、限制类、维护类、管理类、附加类共 13 种，各类属性内容及适用的管理项见表 4.3。

表 4.3 元数据项的属性说明

序号	属性种类	属性内容	适用的管理项
1	标识类	标识类包含唯一标识元数据项的基本信息，内容包括中英文名称、标识符、元数据项类型、提交机构等	对象类、特性、分类方案、值域、数据元概念、数据元、数据集规范、术语、指标、数据集、质量声明

续表

序号	属性种类	属性内容	适用的管理项
2	声明类	数据集的数据质量声明，内容包括数据的真实性、时效性、准确性、有效性、代表性、可获得性等元数据项的定义，以及构成该元数据项的元数据项	质量声明
3	定义类	元数据项的定义，以及构成该元数据项的元数据项	对象类、特性、分类方案、值域、数据元概念、数据元、术语、指标
4	关系类	不同种类元数据项之间的包含、构成等关联关系	对象类、特性、分类方案、值域、数据元概念、数据元、数据集规范、术语、指标、数据集、质量声明
5	表示类	元数据项的表示方式，包含表示类别、数据类型、表示格式、最大及最小长度、允许值、计量单位等	值域、数据元、指标
6	内容类	提供数据集内容特征的描述信息，包括摘要、特征数据元等	数据集规范、数据集
7	覆盖范围类	提供数据覆盖范围的描述信息，内容包括空间范围和时间范围等	数据集
8	分发类	数据生产者有关系数据集、数据质量的一般说明	数据集
9	数据质量类	数据生产者有关数据集、数据质量的一般说明	数据集
10	限制类	数据集的安全限制分级信息	数据集
11	维护类	数据集的更新频率信息	数据集
12	管理类	包含元数据的注册方、注册状态和注册日期等	对象类、特性、分类方案、值域、数据元概念、数据集规范、术语、指标、数据集、质量声明
13	附加类	其他与元数据有关的信息，可以直接用文本或链接的形式表示，包括采样和监测方法、项目实施方案、数据采集表、数据库说明等	数据元

元数据框架设计和建设：元数据框架紧紧围绕数据采集标准化和数据共享应用两方面构建。数据采集与共享平台的元数据框架由系统元数据和环境信息业务元数据两大部分构成，其中系统元数据由系统、服务器、数据库、数据表、字段、过程等元数据项构成；环境信息业务元数据由数据集、质量声明和公共

信息三部分组成。根据数据格式，又分为数据集、指标、文档三大类。环境业务信息元数据表的设计遵循标准进行，相关字段内容以系统采集为主；鉴于该平台为大气攻关课题组提供科研统计相关服务，特别增设了课题项，包括课题组或城市名称、课题编码、资源提供机构、提供机构联系人、提供机构电话等内容（表4.4）。针对平台数据来源和种类，建立元数据及注册服务，在元数据中增加分类体系，与数据资源目录建立映射关系，便于数据发现。同时基于元数据，提供信息查询服务，便于元数据管理和维护。

表 4.4　环境信息业务元数据采集表

序号	元数据字段	序号	元数据字段	序号	元数据字段	序号	元数据字段
1	资源目录名称	11	资源提供机构	21	数据集应用	31	质控规则
2	资源域	12	提供机构联系人	22	数据条数	32	质控责任人
3	资源中文名称	13	提供机构电话	23	数据大小	33	真实性
4	元数据项类型	14	开始时间	24	访问次数	34	时效性
5	资源关键字	15	结束时间	25	下载次数	35	准确性
6	数据摘要	16	空间范围描述	26	下载量	36	有效性
7	发布日期	17	共享方式	27	引用关系	37	代表性
8	特征数据元	18	资源公开属性	28	更新时间	38	可获得性
9	课题或城市名称	19	数据分发格式	29	更新频率		
10	课题编码	20	数据成熟度	30	数据质量摘要		

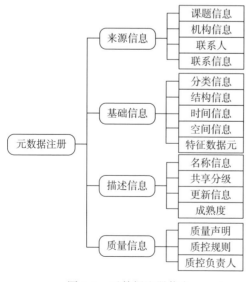

图 4.1　元数据注册信息

在进行大气环境科学综合数据采集与共享平台的建设中，为打破数据孤岛，让多源异构数据更易被发现和使用，支撑科研机构的业务探索需求，对大气环境科学综合的业务数据集提供基于类目体系的元数据目录注册和发布服务。元数据注册服务包括来源信息、基础信息、描述信息、质量信息（图4.1）。通过元数据发布及相应的检索工具——元数据搜索引擎和资源目录，为汇交的海量多源异构数据建立具有可操作性的多种知识发现途径。

4.5　业务逻辑

围绕以改善区域环境空气质量为核心，以减少重污染天气为重点，多措并举强化冬季大气污染防治，全面降低区域污染排放负荷这一核心目标，以数据为基础，围绕大气污染及成因的要素，设计大气污染—特征污染—特征污染物—特征污染组分—特征源类—具体减排措施—应急监管—空气质量改善业务逻辑主线，设计八个业务版块。在每个业务版块下，又细分 3~4 个业务场景。

4.5.1　大气污染版块

在大气污染版块下，由区域大气污染分布、污染变化规律组成；特征污染是通过分析研究区的大气污染物变化规律、气象变化，以及当地人口、经济数据及产业结构，确立其特征污染；在特征污染物，通过数据统计规律，对特征污染时段的不同污染物进行评估，筛选主要污染指标；借助组分组合及差异性，与经济、工业、交通等数据进行耦合验证，确立特征污染组分；根据特征污染物、企业和当地经济数据，通过对不同源类的排放特征、产品产能、原料、燃料等，寻找特征源类；减排措施是根据特征源类的排放及贡献占比，制定有针对性的减排措施和执行；应急监管是在特定的条件下（重污染条件下）制定企业、交通的应急预案，并通过行政监管对特定源进行检查和管理；空气质量达标是指通过上述业务逻辑，可以量化的改善方案。

在每个业务版块下，又划分为多个业务场景：区域大气污染分布包括周期性的分布变化，一是按污染的传输，分核心区、关联区、受影响区、自净区；二是按城市的行政区域划分，如市、县、乡、镇、村；按用地属性，再细分居民区、工业区、商用区、城际公路、绿地、河流等；污染变化规律一是按年、季、月、周、日、工作日与非工作日等时间来统计，二是还可以按人群活动环境来分析，分室内（公共场所，如地铁、影院、商场）、室外（道路、公交车站、加油站等）。

4.5.2　特征污染版块

采用多证据耦合数据，涉及场景主要有：①污染物变化规律（而非污染变化规律），此处的污染物包括颗粒物（PM_{10}、$PM_{2.5}$、$PM_{1.0}$）、气态大气污染物（SO_2、NOx、O_3、CO 等），对上述污染物进行长期性和特定周期分析，寻找不同污染物的周期分布规律和组合规律；②气象变化分析，统计污染过程中的气象变化，包括不同高度、不同方向的风速、风向；温度、湿度、降水量等的共性、阈值，通过气象因子和污染的耦合性分析判断污染特征是气象不利扩散所致还是受远距离传输影响；③人口、经济及产业结构分析，任何特征污染都与研究区的特点密不可分，而上述三项可以更好地刻画特征污染的产生基础，并提供更多的佐证。

4.5.3　特征污染物版块

主要场景通过研究区的污染特征数据统计，寻找规律性存在且占据主要或首要地位的污染物种及组合，结合研究区的污染物排放统计数据及污染物特征组成，评估特征污染时段的主要（首要）污染物贡献，筛选主要污染指标，可以是一种也可以是多种，需要说明的是，在不同时间周期特征污染物也可能会发生改变。

4.5.4　特征污染组分版块

鉴于特征污染物是一种、多种或是随时间而有不同的组合的复杂情况，需要针对前述情景，分别设计特征污染组分分析场景：①一种特征污染物，针对当前特征污染物的组分分析或特征比值即可；②当有两种及两种以上特征污染物，需要分别设计对不同特征污染物的组分分析，通过组分数据分析、特征比值分析、研究区污染排放分析，以及其他分析寻找可能的组分组合；③当特征污染物随时间有规律地改变时，需要开展同时段下的气象条件分析、研究区企业生产管理分析，根据气象扩散因子和生产监管数据判定是否会存在特征污染物远距离迁移的现象；④对特征污染组分组合需要开展稳定性和差异性分析，通过与经济、工业、交通等数据耦合验证，剔除掉随机性强、干扰性的组分。

4.5.5　特征源类版块

对于特征组分开展溯源，主要场景包括：①按行政辖区分析，对频繁污染且污染排名靠前的或呈规律性污染特征的地区，更要多加关注辖区内企业和其他污染源的特征；②按行业来开展源类分析，寻找优势行业及其排放标准的执行力度，分析其对污染过程的贡献，通过对重污染排放行业的企业和交通运输里程数据的整合，可以发现优势行业或治理困难企业、治理困难的领域；③按原材料和燃料开展源类分析，原材料的原始污染物占比、非清洁燃料的使用都会对本地污染产生重要影响，累计得出的非清洁燃料量、公路运输里程数据可在一定程度上可以反映行业治理的重点和难点；④按企业规模溯源，产值在百万元以下的生产企业其生产过程中鲜有关注污染防治措施，通常是污染排放监管的重点；⑤按企业排口及其污染物开展源类分析，重点研究区内企业排口数量、分布、污染物的种类和执行浓度标准，可为特征源类提供更加精细化的判定依据。

4.5.6 具体减排措施版块

减排措施可细分为 3 个场景：①区域行业结构调整，这是在区域大气污染防治的总体目标上，针对区域内大规模、高污染、高能耗的行业普遍存在且污染贡献占比高的前提下，而提出的从经济结构上提出的治本整改措施，治理成效最大，影响最为深远；②行业企业的减排通用措施，这是针对某一行业的减排措施，包括减排技术、排放标准、原料限定、燃料管理、停限产管理等，是组合型的；③企业的减排措施，针对企业产排污的生产线级别的，由通过对生产线及其污染减排技术采用、治污设备选型、污染排口在线连续监测和智能生产用电智能监管等组成。根据特征源类的排放及贡献占比，制定有针对性的减排措施和执行。

4.5.7 应急监管版块

应急监管是整条业务线最重要的执行环节，决定着治污成败走向。主要细分场景：①总量监管，根据企业在排污许可证上核定的逐年递减的排放量完成定量化的监管，具体需要对所有排口的进、出排放浓度与当时的排气量进行计算，是一种计量指标；②特征污染物监管，对于不同季节呈现的特征污染物排放，为企业生产量身制定相关排放标准或停限产措施，如冬春季的 $PM_{2.5}$ 和夏季臭氧严重污染，严重污染企业按法规要求进行停限产，监管包括时间段、产能、开关车期间的瞬时污染排放等；③污染过程排放监管，对于存在偷、漏排放的生产企业和相关设施，需要进行排口监测在线数据分析、用电量分析和原料用量分析等，通过上述综合分析识别企业排污过程的时段分布、排放污染物的种类和规模，从而进行有针对性的监管；④除了上述生产企业外，还需要对交通源、面源（居民生活源等）、农业源等进行监管。

4.5.8 空气质量改善版块

空气质量改善是整个业务逻辑上的最后一环。主要细分场景：①空气质量达标，此处的达标有两类含义，一是达到国家一级年均值标准，二是达到国家为重点污染区域各城市制定的空气质量改善标准上限。其中，一级年均值标准是通用标准。重点区域空气质量改善标准会因地区、执行年份、执行的污染物种而不同。②空气质量优良天数。通过当年及同比空气质量优良天数据、能见度改变来定量表征空气质量改善的力度。③特征污染物的浓度削减，以研究区特征物浓度同比和环比来反映空气质量改善，如北京市 2017 年的 $PM_{2.5}$ 浓度为 61 $\mu g/m^3$，而 2020 年的数据为 39 $\mu g/m^3$。

综上，业务逻辑线及各主要版块涉及空气质量、气候气象、企业生产、经济地理、交通运输等五大主题域。通过对不同版块下各场景完整业务流程的拆分，建立每个流程下输入和输出的数据集合，通过数据表和维度的方式进行双重约束，最终建立业务模型。

4.6 共享机制

4.6.1 共享权限

为保护科研人员知识产权，在遵守国家数据管理政策和大气攻关相关数据管理规定下，制定严格的数据分级共享机制，保障规范共享，保护数据产权人的各项权益，有利于共享的长期开展。数据分级与共享机制建立上，着重从统一规范数据共享权限、共享内容、共享方式、共享审批、数据安全、用户反馈等方面进行制度化建设。数据共享权限由一线人员来定，包括数据共享范围、共享内容、共享时间要求、知识产权标注要求等。共享范围根据项目构成和科研传播有效半径，分为三类：项目共享、课题内部共享、不共享。共享内容范围包括文件级、表级、字段级限制，也可设计到时间范围权限。科研人员基于共享数据的成果产出，须依照知识产权管理办法标注数据源，保障一线人员权益。机制建设主要由申请制度、审批制度、责任声明和网络留痕组成。根据相关管理政策，申请以课题组为单位进行，由大气攻关中心全权审批数据共享申请，主要依据数据保密级别、时效性进行审批，必要时会告知数据提供者。海量数据通过数据采集与共享平台，为 28 个课题组、39 个城市组、全国 200 家研究机构、2000 多名科研人员源源不断地分发权限数据。

按照大气攻关管理规定，关于"强化资源整合与共享"的要求，首次建立面向参与大气攻关任务的全体人员的数据共享机制。一是保障数据汇交质量。各课题按照大气攻关项目要求，审核产出数据是否符合质量要求、数据标准和保密规定要求，通过平台上报各项成果数据和说明文档。二是保障共享数据的知识产权。根据研究需要，以课题组为单位签订共享数据使用申请表，由大气攻关项目管理办公室根据数据生产方提供的数据共享和时效要求，分级分权限提供数据服务，保障共享数据的知识产权。

4.6.2　共享服务

鉴于科研人员数据使用习惯和自动化信息应用局限，数据采集与共享平台打破数据开放、共享的技术瓶颈，对各类数据的复杂存储格式及业务进行认真分析，充分解析、统一整合，变成可直接分析利用的 Excel 格式文件，实现可看即可用。分别提供了数据接口、中间库和文件下载等多种数据共享方式，实现从 KB 级到 TB 级的一站式数据共享服务，以响应不同层级用户的精细化数据分析需求。数据采集与共享平台提供标准化的结构化数据共享服务，利用 WebService 和 Mybatis 动态解析 SQL 技术，将不同的数据接口通过动态配置 SQL 的方式进行管理。为了方便管理对外发布服务，服务接口做成动态配置。在服务内部还会对每一个服务接口的数据请求量进行监控和日志记录，针对短时间内频繁调用服务的请求程序会主动拒绝以后的请求，已保证服务长期稳定运行。日志记录应用 JavaSpring 的面切面编程（AOP）技术，在切面代码中能够监控到数据的总条数，请求接口的 IP 和请求频度。拒绝请求用黑名单方案，凡是被判定为异常请求者请求的 IP 地址会被纳入黑名单中，在 AOP 方法中会对请求者的 IP 与黑名单列表进行校验，在黑名单中的直接拒绝请求。

为保证数据的安全性，数据共享服务采用 Token 对请求者的身份进行校验，Token 以用户名字、IP 地址和有效期用 sm3 按照特定的组合规则进行加密，sm3 是不可逆算法，可以保证 Token 的安全性，不被暴力破解。数据共享服务还对结果数据用 sm2 公私钥的方式进行加密。

结构化数据共享服务的流程分为两个方面，一是平台根据不同的数据应用配置数据服务接口，并为每一个数据请求单位的用户配置数据接口的数据范围权限。二是数据请求单位需要在大气环境科学综合数据采集与共享平台有自己的账户，并在平台发起数据共享申请，申请表单中需填写数据类型、数据范围、调用 IP 地址等信息。

数据共享服务流程如图 4.2 所示。

4.6.3　共享绩效

为了更好地评价数据共享对项目的贡献，制定了数据共享绩效评价指标体系。评价范围：以课题组为单位，只对该课题组汇交到平台上的数据及在

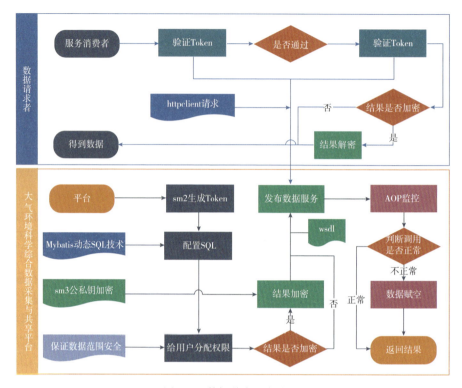

图 4.2　数据共享服务流程

平台上的共享应用进行评价。编写评价原则：为便于各课题组横向比较，根据要求采用定量评价，综合国内通用评价体系，采用百分制评价。制定评分细则：①总分为 100 分；②数据汇交按扣分法，无汇交按零分计；③有数据汇交，分别从数据资源属性、数据质量、共享能力进行打分。制定例外项评价原则：①在数据共享权限级别中选择不共享的，本项计 1 分，以下其他各项不打分；②在数据共享量中下载次数为 0 的不参加大气攻关支撑效果打分；③对于非数据类成果汇交，比如系统操作手册，不参加时间评分、地域评分，更新频率按一次性评分。

建立数据共享绩效评价体系。评价体系由三级评价指标组成，第一级共包括 3 个指标，分别是资源属性、数据质量和共享能力；第二级指标由 8 个指标组成，分别是数据类型、业务属性、成熟度、权威性、数据内容、数据规模、共享范围、共享量、大气攻关支撑效果；第三级指标由质控措施、更新频率、时间范围、区域范围、数据量、数据容量、权限级别、访问次数、下载次数、管理支撑、城市支撑和科技支撑，共 12 项指标。需要说明的是，由于资源属性仅对上传数据资源进行评估，因此，只设二级指标：数据类型、业务属性、成熟度、权威性，不设三级指标。

制定各级及各个指标的权重分值。权重分值的分配主要是基于鼓励共享、聚焦大气攻关服务支撑的目标而设定。因此，总分值在分配上按 6∶4 来分配，如果上传数据且满足基本共享要求，如数据量、数据质量、开放权限等，绩效则在 60 分左右。在评价体系中将共享能力权重设为 40 分，以数据开放和落地应用并重，没有数据权限就没有落地应用，因此，将开放权限、对科技支撑分别进行 10 分赋值。

表 4.5 列出了各指标、分值和评分内容。实践结果表明，该共享绩效评价指

表 4.5　数据共享绩效评分表

一级指标	二级指标	三级指标	权重/%	评估内容
资源属性 （25 分）	数据类型		5	数据类型按资源域统计，以汇交的数据集和成果中不同数据或文件所属的类型合计
	业务属性		10	依据特征数据元（不包括时间、地点、名称、类型）来评价数据或成果的业务属性
	成熟度		4	对数据的成熟度评价
	权威性		6	数据权威性评价
数据质量 （35 分）	数据内容	质控措施	5	数据质量评价
		更新频率	10	数据或成果的更新频率
		时间范围	5	数据或成果的覆盖时间段
		区域范围	5	数据或成果的区域范围
	数据规模	数据量	6	数据记录数（文件数量）体现领域覆盖度，以及是否具有代表性
		数据容量	4	数据容量在一定程度上反映资源服务能力、可用性
共享能力 （40 分）	共享范围	权限级别	10	数据开放范围
	共享量 （10 分）	访问次数	5	总查询次数
		下载次数	5	总下载次数
	攻关支撑 效果 （20 分）	管理支撑	5	为生态环境部提供管理支撑
		城市支撑	5	为城市跟踪研究提供支撑
		科技支撑	10	支撑科研产出成果中要有反映资源贡献的信息，如共同署名、参考文献、数据引用、致谢等

标体系有力地支撑了大气攻关项目共享工作的开展。在第一轮的共享绩效评价结果统计中，共享绩效最高分为 95 分，平均分为 57 分。基于此，科研人员认识到存在的不足，积极配合共享绩评价的各项工作，重新对数据汇交、质量保证和共享应用有了充分理解，积极汇交高质量的数据，有序开放权限，第二轮平均分达到了 70 分，有力地保障了数据共享的良性发展。

第5章　数据中台技术

5.1　中台定义

中台的核心思想是"共享"和"复用"[24]。中台的概念与前台、后台相对应。前台通常是面向客户的市场、销售和服务部门或系统，后台则是技术支持、研发、财务、人力资源、内部审计等二线支撑部门或系统。中台则是指介于前、后台之间的综合能力平台，其作用一是有效地连接后台，二是具备对于前台业务变化及创新的快速响应能力。

数据中台是中台的核心平台之一。数据中台是指利用大数据技术和相关软件，实现数据分层、水平解耦，搭建数据赋能体系，实现敏捷化、自动化、实时化、场景化的数据应用[25]。数据中台利用数据建模对不同领域的数据进行优化整合与知识沉淀，并依托数据服务完成封装数据操作，以此有效满足多样化的数据应用需求。数据中台是对信息化架构的创新，其将企业信息化架构由不同平台下分散的烟囱式系统集群变革为部署在同一平台下基于服务的应用系统集群。

5.2　数据中台起源

数据中台属于信息化规划的顶层设计，是社会、企业、组织在信息化产业达到一定规模后，企业或社会组织自发进行、自上而下的信息化业务架构创新。其产生背景是为不断满足日益复杂、多变的业务化场景需求，达成不同系统、新旧系统、跨部门系统间的整合、交互和业务支撑能力，而采取的一种面向业务趋动、聚焦标准化和规范化的系统建设架构。从历史上看，数据中台经历了4个发展阶段，分别是数据库阶段、数据仓库阶段、数据平台阶段和数据中台阶段。

5.2.1 数据库阶段

数据库阶段主要是完成联机事务处理（On-Line Transaction Processing，OLTP）需求。联机事务处理指针对传统关系型数据库的操作，一般具有数百乃至上千个用户，以交互方式提供多种服务。联机事务处理系统是以事务元作为数据处理单位，事务是被立即执行的。在数据处理过程中，用户可将一组保持数据一致性的操作序列指定为一个事务元。在执行事务元时，系统必须具有下列性质：①原子性，即事务元中的操作要么全部执行，要么全部不执行，不允许只执行其中的部分操作；②一致性，即事务元的执行必须保证数据库由一个一致的状态过渡到另一个一致的状态；③持久性，即事务元对数据的任何更新必须反映在持久性存储器中；④孤立性，当多个事务元并发执行时，其效果与这些事务元按某一顺序的串行执行时的效果一样。相应要求完成联机事务处理的数据库具有如下特征：①支持大量并发用户定期添加和修改数据；②反映随时变化的单位状态，但不保存其历史记录；③包含大量数据，其中包括用于验证事务的大量数据；④具有复杂的结构；⑤可以进行优化以对事务活动做出响应；⑥提供用于支持单位日常运行的技术基础结构。

5.2.2 数据仓库阶段

数据仓库是多个数据集的整合，以联机分析处理（On-Line Analytical Processing，OLAP）为主。通过数据仓库实现数据生命周期管理、主题域开发，可提供查询和复杂动态数据分析，克服联机事务处理在分析场景下的局限性。数据仓库实现跨业务线、跨系统数据整合，集成多个数据库，通过数据的管理和主题域开发，为业务管理、分析、计划、响应及决策提供统一的数据支持，主要体现在支持快速查询、业务历史快照、数据复杂分析、一致性处理等。相较于联机事务处理，联机分析处理支持复杂的多维分析操作。通过将一个实体的多项重要属性分解为多个维度，如时间、空间、产品、单元或流程，再将不同维度组合及其度量指标构成多维数组（维 1，维 2，…，维 n，度量指标），以形成联机分析处理的基础，如地区、时间、产品、销售额。对多维数组的分析包括切片、切块、钻取、旋转等操作，通过观察多角度、多侧面数据变化规律，揭示其后蕴藏的业务演进特征。

在数据仓库应用中，联机分析处理一般是数据仓库的前端工具，同时还可以与数据挖掘工具、统计分析工具配合使用，增强决策分析功能。但数据仓库对实时数据和非结构化数据处理能力较弱，限制了其在数据管理和业务预测等方面的应用。随着互联网行业和应用的迅速发展，数据仓库因其数据来源单一和数据处理能力的局限，其在个性化信息采集、实时和非结构化数据处理能力上短板日益突出，远不能适应大数据业务化的应用需求。

5.2.3　数据平台阶段

数据平台是采用大数据技术，提供完善的大数据分析基础运行环境，基于分布式的实时或者离线计算框架，建立计算集群运行各种计算任务，提供统一二次应用开发接口等能力。相比数据仓库，数据平台支持多数据集实时同步，支持数据资产管理，实现多源异构数据的整合管控。数据平台以数据服务、数据共享、数据探索作为系统建设目标，以商业智能（BI）作为数据的重要应用。与数据仓库阶段相比，数据平台实现海量异构数据的集成和服务能力，可为不同业务场景提供多维、多源、多结构类型的数据集投送和分析能力。数据平台建设需要始终围绕业务场景和业务目标进行，梳理业务过程、流程、范围、边界，集成所有可能的数据源，通过 ETL 任务流和业务模型，不断贴近真实业务场景的数据决策需求，因此更具生命力和成长空间。像所有的 IT 项目一样，数据平台建设也需要持续迭代优化和运维，不断提升各种性能和应用开发。

数据平台采用分层架构模式，从下至上分为五层：①数据采集层。数据采集层是平台建设的最基础层，采集的数据除企业核心业务数据外，还进一步拓展到用户数据、日志数据和集团数据等，数据源具有分布式、异构性、多样化及流式产生等特点。②数据存储和处理层，属于平台的基础层。在该层进行采集数据的预处理，包括多源数据的清洗、数据分类、统一编目、场景标注、业务标签，并保存到持久化存储层中。③数据治理层。围绕业务场景和业务分析、决策需求，采用标准化方法，评估并筛选与业务、企业资产密不可分的数据作为待治理数据，对治理数据实施全生命周期管理，采用数据治理工具（包括数据模型、元数据、主数据、数据标准等），保证其合规、安全、规范使用，最终形成企业数据资产清单，形成规范化、有应用场景、满足商业智能应用的数据集、数据服务输出。④数据分析层。以商业智能应用为主，相比数据仓库下传统报表存在开发成本高、周期长、效率低、使用难、面向历史数据分析等问题，商务智能基于平台的数据集和数据模型基础，可提供友好、交互、自动化的报表生成服务，业务人员拖拽即可自动生成报表，实时开展数据多维、交互分析，并且可综合多维度数据模拟结果，预测未来变化及其产生的影响。⑤数据应用层。在数据应用层，平台建设将根据业务需求差异性，进一步划分出不同类别的应用，如数据共享、数据交互、数据可视化等，可一期或分期实现。

在数据平台建设中，首次引入数据治理概念。数据治理是围绕企业的全局发展规划，解决以下问题：①制定数据质量标准，解决数据一致性的问题。因为数据来源多样、异构，在采集层和入仓前，普遍存在数据定义不同、字段命名不规范、口径不统一、算法不一致等问题，需要制定入库数据质量标准并做到一致性。②解决因历史遗留的、面向业务线开发而形成的烟囱式数据系统中存在的数据重复和可信性评估等问题。③根据行业发展前景和企业战略规划，结合长、中、短期目标，制定合理的业务数据需求和数据应用服务，从而整治之前信息系统存在的开发周期长、效率低、服务响应速度慢等弊端。④通过数据生命周期管理和业务线服务周期映射，合理制定各类业务应用开发的数据服务的上线、下线、升级迭代，并自动完成因业务应用变更对数据层和数据服务的及时响应。⑤通过数据治理的全局规划，解决在企业内部存在的任务链冗长、计算资源紧张、数据时效性不强等问题。

在数据平台阶段之前，对数据实施质量控制机制更多是关注数据的度量本身，通过相应的清洗和规范，确保入库数据度量值的完整性、一致性和准确性。与数据质量控制相比，数据治理是将数据视为资产而建立的一套管理制度和实施工具。数据治理通过梳理企业全部数据资源，根据设定的数据资产评估机制，建立企业数据资产清单和目录。数据治理是系统化工程，主要涉及元数据管理、主数据管理、数据标准管理、数据质量管理和数据安全管理等五个方面。数据治理在数据平台建设中居于核心地位，直接影响到数据平台建设带来的企业服务效益、效率的提升，也决定着平台生存和成长周期。没有数据治理，就无法形成积极响应业务发展的数据应用服务，不能进行对数据平台集成的多样化、海量数据的快速处理及价值挖掘。正是因为有数据治理层的加持，数据平台才具备利用大数据技术支持业务快速创新，提升精准服务和差异化服务能力，推动业务管理向信息化、精细化转型。

5.2.4 数据中台阶段

当数据达到 EB 级，通过全域级、可复用的数据资产中心与数据能力中心等实施，进行数据中台开发建设。数据中台在底层通过技术手段统一数据标准和口径，对接联机事务处理和联机分析处理的需求；结合算法，把前台业务的分析需求和交易需求直接对接到中台，再通过数据中台处理和逻辑运算进行前台业务应用支撑。数据中台的产生是数据业务化、业务智能化的时代发展需要。

数据对企业业务的支持是通过数据产品来实现的，在数据中台阶段之前，数据系统的用户是人，在数据中台到来后，用户变成了业务系统，数据产品直接以API 的形式驱动并重构业务本身，从而实现业务智能。从深层次分析，数据中台产生源自以下五个方面：

（1）数据是生产要素。随着互联网经济迅速发展，数据即功能、数据即产品等数据作为重要生产要素的属性日益成为社会共识。

（2）数据的赋能需求。随着大数据技术、云计算和人工智能的不断发展，使企业数据处理能力有显著提升。大数据技术为大数据采集和清洗、统一数据存储和计算口径、报表、分析和可视化提供全模块、组件化的技术支持。云计算为确保数据运算的即时性与高效性，提供更高的灵活性、更强的可扩展性，是企业降本增效的催化剂。人工智能提升对异构数据的处理能力，与应用场景深度融合，实现智能预测、智能决策等数据分析智能化，将其中的脑力劳动知识和经验沉淀下来。以大数据技术、云计算、人工智能为代表的数据处理能力的演进为多业务场景的实现提供可能。在企业业务多元化、复杂化、敏捷化的形势下，大数据技术与业务场景的融合不断深化，企业不再满足于简单的业务数据统计与分析，而是需要提升数据的可用性，进行数据服务的个性化应用。其次，在运算能力方面，随着 5G 和工业互联网等新场景的拓展，云计算、边缘计算、移动边缘计算等方案的提出和算力的提升，让数据的时效性和分析能力有了更大的突破。分布式的大数据技术不仅能构建 PB 级的数据中台，还能将实时计算与历史数据相结合，使实现流批一体应用成为可能。最后，人工智能技术与应用场景深度融合，配合机器学习算法，大幅提升对异构数据的处理能力，让数据从接入、存储、分析、展现、训练到构建管道都更加自动化，同时不断提高数据预测能力，以充分赋能发展决策。

（3）业务协同和整合的深层需求。数据产业是高度密集的智力生产活动，需要强有力的组织机制和业务机制支撑，特别是在大数据时代，数据来源多跨系统、跨部门、跨地区、跨行业，而数据集的业务应用是伴随不同业务目标、不同企业规模、不同行业特点而异，持续性的建设和交付、敏捷性开发都是数据产品的特征属性，因此，为了保证数据服务生产的质量、效率和效果，在数据产品的全生命周期更需要打造业务协同，包括环境协同、数据协同、开发协同的中台环境。阿里通过在内部对信息进行实时、同步，建立项目管理协作平台"云效"[26]，最初视其为需求和任务的跟踪工具，将内部统一的超文本协作系统作为项目入口，通过"钉钉群"建立日常沟通等。经过复杂场景的多年演进，"云效"平台升级为企业级一站式智能研发协同中台。该中台集合整个集团的运营数据能力、产品技术能力，使一线业务可以更敏捷、更快速地适应瞬息万变的市场，对各前台业务形成强力支撑，每周可创建数千个项目，新增几万个项目需求和工作项。在分层项目管理、跨组织大规模协同、快速迭代、组织过程资产沉淀等方面，"云效"都给业务发展带来了持久动力。

（4）对历史数据烟囱的融合需求。在数据服务缺乏顶层设计背景下，数据体系基于业务单元垂直积累开发，导致烟囱式体系的形成，数据分散、不标准，难以共用关联，大数据价值优势被削弱。数据使用面临着巨大挑战：各部门低水平重复开发数据集，浪费大量的存储和计算资源；数据资源缺乏沉淀机制，导致计算能力的提升和进化非常低效；数据割据、算法分离，带来混乱和质量的不确定性；业务变更时，数据及数据产品反应不及时；组织架构制约了数据的共建和共享，缺乏标准及激励机制。中台则是站在发展战略的高度，从全局出发的一种紧贴业务场景和业务发展需求，将数据、功能、业务进行完全解耦，充分利用、紧密协同，既可以消化历史存在的烟囱式数据体系，也能规划一体化、持续建设的方案，保证数据服务建设的效率、效能和经济回报。

（5）数据回流整治的需求。在数据平台中，存在因数据未形成全闭环的应用造成对业务支持的不完整。数据是新型资产，数据采集、存储和处理成本的大幅下降和计算能力的大幅提高，为数据的资产化应用提供了环境基础。多数企业已经拥有了较好的数据整合和处理系统，但是未形成数据全生命周期闭环应用，导致数据资产化程度低，数据服务效率与业务诉求不匹配，让数据无法作为关键生产要素为发展注入新动能，已成为数据字化转型难题。闭环的不完整表现在数据—业务系统—业务部门—应用场景形成前端业务应用支持，而应用场景后产生的数据出现闲置，没有形成业务闭环。因数据不能回流致使无法获得数据在不同应用场景中的具体价值和热度，造成价值化数据无法复用。数据闭环管理的优势表现为：一是完成数据业务的快速上线和迭代试错，更加敏捷地面对市场，提供更多场景的数据服务，加快业务响应能力；二是前端业务场景下新生成的数据可被处理分析，数据、流程与逻辑经过沉淀，形成数据资产，为后续服务和决策提供标准依据，实现数据全生命周期打通，进而推动业务创新。

数据中台的核心理念是以通促用、以用带存，这里的"通"不仅是数据的联通，也关乎组织结构的联通，而且是横（功能部门之间）、纵（数据生命周期）都要打通[27]。数据中台之所以成为攻坚大数据能力的重要途径，首先因为其有效解决数据烟囱（各自为政）问题，其次是有利于推动前台业务创新，同时通过将应用中的数据回流，形成更丰富的中台资源。

随着互联网产业和互联网经济以及计算机和信息化技术的不断发展，数据流如何变成现金流，实现数据价值变现将成为行业发展的爆点。数据集成、整合和应用不再是信息部门和 IT 机构的职责。物联网、5G 的不断推进，使数据外延、类型、频率、数量也呈不断增长趋势。大数据技术、人工智能、深度学习的发展和应用深入，促使跨系统、跨部门、跨行业、跨区域的全域数据整合，以整体提升集团效率、实现行业数据化成为重要任务。数据中台与数据平台的共同点均是将数据视为企业资产，二者的区别是平台是以建立数据资产清单和管理平台为主，中台是将对数据资产进行变现操作。数据中台对数据资产的变现操作主要以两种方式进行：一是将核心数据打造成企业数据公共层，通过企业全业务的共享和复用，不断提升企业事务处理和数据分析的效能，通过协调合作，重塑企业业务流程，加快企业由信息化向数字化转型的步伐，增强数字化竞争力；二是政府部门通过建立数据服务平台，通过跨部门的、垂直服务场景的数据深度融合，打造智慧政务服务。利用数据中台提供的服务，带来整体服务效率提升、政府职能转变的巨大社会效益。

5.3　数据中台应用

　　狭义上讲，数据中台是企业级的数据共享、能力复用平台，是数字化转型的基础和中枢系统。将企业全域海量、多源、异构数据整合并资产化，为业务前台提供数据资源和能力的支撑，实现数据驱动的精细化运营。各类数据技术是构建数据中台的基础，包括对数据进行统一采集、处理、储存、计算、分析、可视化，让数据成为企业资产。广义上，数据中台是一种企业在互联网、大数据时代催生的组织管理模式、发展理念，集战略决心、组织架构、技术架构于一体，构建统一、协高的中台化组织，实现复用和共享，利用技术拓展边界，为新业务、新成长提供空间。

　　2015 年是阿里率先引入数据中台，并用于敏捷开发业务支持，成为数据中台的元年。伴随着数据量的爆发式增长，数据处理技术的不断进展，以及数据中台产品逐渐实现商业化，企业对数据中台开始建立认知。2019 年数据中台进入商业化应用。当前我国数据中台行业处于从萌芽转向高速发展的过渡期，整体仍处在相对基础的发展阶段，但由于数字化转型驱动需求的不断增加，中台行业增势明显，市场规模迅速扩张，2018—2023 年我国数据中台的市场规模将从 17 亿元增长到 183 亿元。当前数据中台供应商主要有：头部互联网企业、数字化解决方案提供商、大数据公司、独立中台开发商及人工智能厂商。整体而言，行业集中度低，市场竞争格局尚未成型。存在数据中台产品区分度底、边界不明、业务混杂等行业乱象。

数据中台的供应商各具优势，其中云厂商的信息化实力、理论、工具强大，而其他厂商因具有垂直行业优势，可以将中台迅速进行行业业务化应用。公有云厂商以阿里、腾讯云为例，自身就有中台业务需求，率先在企业内部落地中台战略，打造环境协同和数据协同，利用自身业务在企业内部进行数据中台产品检验，输出中台产品服务，具有先发优势；此外，这类企业拥有底层全量的技术能力，可提供原生性、可标准化封装输出的产品和解决方案，为中台及互联网行业发展输出资源、核心技术、方法论和工具体系。数字化解决方案企业具有丰富的 ToB 服务经验和垂直用户资源基础，积累了大量行业的业务洞察优势，能够快速梳理企业业务及流程，准确识别企业需求，输出基于中台的数字化转型服务。数据与人工智能企业具有数据资源，帮助企业补足空白数据，快速开展应用落地，具备人工智能技术和算法能力，在数据采集、清洗、计算等环节有显著优势。独立中台开发商以数据中台相关技术工具为服务核心，常作为头部公司的生态合作伙伴，业务专精，具有垂直行业的洞察经验[28]。

数据中台建设与否取决于企业发展、所处行业，以及数据成熟度和数字化程度等因素。数据中台适用于有数据基础、多元化经营、有数据驱动业务需求、有数字化转型战略的行业头部企业。通常认为，数据中台企业具有以下特征：业务场景迭代速度快，市场变化快，需要具备快速试错和敏捷反应能力；横跨多业态，有多个产品线，业务单元间存在功能模块低水平重复建设的问题；存在数据互联互通问题，需要打破数据壁垒和数据烟囱；信息化建设达到一定水平，但仍存在信息技术制约，存在整体升级和业务重构需求；对外进行多业态扩张，需要协调产业链上下游合作伙伴间的资源。当然，并非所有企业都需要或适合部署数据中台，如不存在数据互联互通问题、不具备数据基础、回报不明确的企业，均不适合建设数据中台。

数据中台建设存在周期长、投入高、失败概率高等问题，极其考验企业方和数据中台建设方的战略耐心。79%的调查对象认为，数据中台项目是变革项目，是一个系统化工程。企业方和建设方都要有战略耐心，既不急于求成，也不求功冒进。企业方要有战略耐心，数据业务化产生价值有一个过程；建设方的战略耐心，就是不要一次性建设大而全的中台。阿里对数据中台建设经历三个里程碑[26]：①决心变革。首先是在企业内达成战略共识，信息化工程由一把手牵头，自顶向下实施。做总体规划、分步实施，找准切入点，解决具体业务问题。②成功试点。通过分析调研，评估核心数据层，明确数据中台服务的业务目标和范围，完成技术平台引入、数据中台建设方法论宣导，进行试点，梳理标杆，积累经验。③持续融合。总结出适合企业自身的理念和规范，优化组织、提升数据中台效率。企业实施数据中台战略，落地数字化战略升级，还需要从数字驱动业务、数字化转型出发，进行组织、流程和基础设施的升级、改造、重塑。数据中台是一种强调资源整合、集中配置、能力沉淀、分步执行的运作机制。通过一系列数据组件或模块的集合，指向企业的业务场景。企业基于自身的信息化建设基础和业务特点对数据中台的能力进行定义，基于能力选择和利用数据组件建设中台。数据中台的建设多从数据仓库开始，无论是否有数据仓库。如果没有数据仓库，需要先建立数据仓库；如果已经建立数据仓库，也需要视具体情况对数据仓库进行重构和升级，以满足数据中台所需的各种实时、流式计算需求，满足开发效率和质量。

数据中台是企业数据服务生产和运营的工厂，支撑着企业数据业务化、业务智能化。企业对数据中台的诉求是很明确的：①从业务场景出发，距离业务最近，实现同步；②开展多样化的数据服务，告别报表时代；③产生客户价值，用客户价值度量数据价值；④通过复用数据开发组件，形成持续交付能力，快速支持业务发展；⑤统一数据资产。但过去 5 年企业在数据上的投资并没有带来对等的回报，究其原因数据变现价值需要跨越四大鸿沟：一是业务鸿沟，数据工程师与开发人员不懂业务，业务人员不理解数据和智能技术；二是场景鸿沟，找不到高价值业务场景，无法清晰度量业务价值；三是质量鸿沟，数据质量差、无法确保业务效果，传统的数据治理不能解决价值问题；四是规模鸿沟，如何将规模化数据和智能技术应用到多个业务生产场景。这些均涉及到数据中台的企业方和建设方的协同和同步。

优秀的数据中台可为企业数据利用效率、数据协作开发、数据开发能力建设、数据创新价值度量等提供一整套工具。企业通过数据中台实现两大类业务价值：现有业务优化和改进、新业务的转型和创新。业务优化包括：提升现有业务盈利能力，提升生产效率，提升利润，降低成本，提升客户体验，提升资产利用率；业务转型包括：创新数字化产品/服务，销售数字化资产，打造商业平台化和数字化生态。

在企业内部，对业务部门而言，数据中台不但要完成高效的数据采集和存储，更要为其提供一系列的工具组件，方便业务部门构建数据服务和模型服务，共享数据看板、商业智能报表。最关键的是，数据中台应为业务部门提供自助、自主服务支持，摆脱对大数据部门和开发部门的依赖，实现业务功能按需开发、快速迭代、共享和复用。对管理层而言，数据中台首先应该能够实现数据产品的快速迭代；其次，避免各业务部门重复造轮子；第三，提供完善的 ROI 管理，企业在数据中台建设过程中投入大量的时间、人力和财力，解决投入产出比如何衡量的问题，即数据中台建设绩效评价；第四，在数据中台的架构下，通过实现每个产品线的数字化运营标准，构建一个全方位的、覆盖所有业务系统的数字化运营模式；最后，数据中台必须有一个完善的数据标准及数据应用资产管理，打通各个业务线的数据，最大程度发挥数据价值，支持企业的重要决策。

优秀的数据中台需要应对企业业务诉求[24]，如：①灵活适应、快速复制，即系统能快速适应业务模式、管理模式的变化，可以随着组织的裂变快速复制、快速部署；②横向协同、纵向管控，即各个产业、供应链业务与数据可协同集成，决策者可以第一时间了解第一线情况，有效控制风险；③有效集成、全面支撑，即数据在一个平台里面有效共享、集中部署，并实现对业务形态的全面支撑，涵盖企业主要业务版块的信息化需求。建立的企业数据中台，对上游供应商通过开放 API，如原料、合同、发票及电子签名等，打通企业间异构系统的数据，并通过数据的自动化流转，提升供应链效率，实现供应商协同；对于下游客户，通过移动应用打通与客户线上的连接，实时提供订单、物流、信用及行情价格等信息，为客户经营决策提供有力支持。同时，客户交易数据和信用数据通过数据中台共享给第三方信贷机构，降低了客户信贷难度，支撑了供应链金融服务。数据中台通过构建了一个功能丰富的数据赋能体系，实现了数据分析的敏捷化、自动化、行动化以及所有场景的数据化。分层级来看，当前无论是公司的高级管理层，还是公司各条业务线的业务体系部门，抑或每个职能体系相关的分析部门人员，乃至最底层的操作人员，借助数据中台体系，基本都实现了相关数据的实时、自动供给。每个业务线的总部部门，每位业务部门的管理者，都可动态、实时获取业务实施的相关进度和信息。

5.4 数据中台特征

5.4.1 四个"一"

数据应用的核心是要解决效率和决策问题，参照传统方法开发的信息系统因缺乏数据标准化体系建设，致使数据管理不规范、数据结构不一致、使用率低，不能发挥出数据战略资源的价值。数据中台是从业务全局规划出发，通过对传统信息系统前台和后台的彻底解耦，实现企业级数据的共享和复用，类似于 DASS 层。通过对海量数据统一采集、计算、存储，制定数据管理规范，形成标准化数据，构建数据资产库，通过共享和复用，提供一致的、高可用的大数据服务，响应业务敏捷发展需求，促进业务创新。数据中台在顶层规划上要求面向业务全局，实施上要求执行统一数据、统一建模、统一质量、统一服务的建设标准，在强调统一规划的数据治理能力上，满足数据共享、复用、响应业务需求的三大特点[8]。

　　阿里数据中台是基于其 OneData 体系建立的集团数据公共层，从设计、开发、部署和使用上保障了数据口径的规范和统一，实现数据资产全链路管理，并提供标准数据输出。OneData 体系的目标是实现统一数据管理和服务，包括 OneModel、OneID、OneService 3 个方面[29-30]。OneModel 通过全局设计和顶层规划完成各类应用的数据标准化、模块化建模，为复杂业务场景的数据复用奠定物理基础；OneID 是通过采用基于主题域特征提取的中台标签体系，精准识别核心实体（OneEntity），通过统一、唯一标识打通实体个体和实体间在中台全域的数据流转、属性关联、行为串联，为构建多维的数据深度融合奠定逻辑基础；OneServic 是通过采用标准化配置的 API、主题式开放服务，打造基于统一数据模型的统一服务，实现数据复用。其中，OneModel 是 OneData 的重要组成部分，可以指导指标的生产、管理与消费。所有的业务分析，应用场景落地到数据层面，都是一个个指标。企业的规模越大，业务越复杂，分析与应用所生产的指标就越多。OneModel 可以保障海量的指标在企业全局层面取得统一的业务认知，避免重复建设，同时还使得指标的管理、查找与消费变得非常方便简单。OneModel 将最终用于分析与应用中的指标定义为"派生指标"，而派生指标可以拆解为四个子元素：原子指标、统计周期、业务限定和统计粒度。数据中台是以数据资产管理为干，数据应用服务为枝叶的松耦性整体解决方案，通过数据智能应用，完成中台数据的全域链接、标签萃取、立体画像。

5.4.2　数据中台架构

　　数据中台应是实现数据智能的最佳实践，通过面向企业数据的全局规划设计和顶层设计，形成统一的数据标准、计算口径，统一保障数据质量，面向数据分析场景构建数据模型，让通用计算和数据沉淀并能复用，提升计算效能，支撑服务效能。数据中台建设包括数据采集、架构研发、数据萃取、资产管理和统一服务等内容。全域数据采集与引入：以业务需求为驱动，以数据多样性的全域思想为指导，采集与引入全业务、多终端、多形态的数据。标准规范化的数据架构与研发：统一基础层、公共中间层、多元应用层的数据分层架构模式，通过数据指标结构化、规范化的方式实现指标口径统一。数据萃取层：构建以业务核心对象为中心的连接和业务标签体系，根据业务标签形成面向不同应用的业务宽表和专题库，实现深度萃取数据价值。统一数据资产管理：构建元数据中心，以元数据作为唯一标识进行全域数据分析、应用、优化、运营等，实现数据资产统一管理、降本增效、追踪数据价值。统一主题式服务：通过构建数据服务元数据中心和数据服务查询引擎，面向业务统一数据出口与数据查询逻辑，屏蔽多数据源与多物理表。

数据中台架构由统一基础层、公共中间层和多元应用层组成，为分层架构模式。自下向上形成业务数据化、数据资产化、资产价值化的数据变现链路。基础层包括数据采集层，主要是业务化数据、日志数据、第三方数据等，是多源异构大数据的组合；数据资产化层也称为公共中间层，由数据存储、计算和治理等模块组成。数据中台的存储以分布式为主，包括分布式文件系统、分布式关系型数据库、分布式非关系型数据库，也包括传统数据仓库；中台的数据计算模块，除传统 ETL 任务流外，为满足事务处理和分析处理的多元需求，形成实时处理、离线计算、内存计算、流计算等综合计算能力；向上形成组件化的服务能力，包括标签、目录、地图、模型和接口，为业务应用准备数据输出。在数据资产化的过程中最重要的是治理模块，其包括数据标准管理、模型管理、元数据管理、主数据管理、数据质量管理、数据安全管理和数据共享管理。在第三层的资产价值化层，主要包括数据服务向业务化应用的支撑，包括分析决策和智能应用。主要是通过构建统一数据服务接口、数据分析与展示。需要说明的是，此处的数据服务接口虽然采用 API，但非传统的逻辑表映射，而是通过逻辑模型映射完成。云厂商数据中台架构采用云上数据中台，通过智能数据能力实现全局数据仓库规划、数据规范定义、数据建模研发、数据连接萃取、数据运维监控，拥有多样的数据的分层数据中心。通过计算后台离线计算、实时计算和在线分析能力，实现数据在线汇总及萃取，通过中台的业务映射，满足前台数据复用，为多个业务线提供高效的数据服务。

数据中台是以大数据平台建设为基础，通过与数据与业务的解耦、业务与服务的耦合，变现数据资产的价值，实现数据驱动业务、重塑业务、业务数字化转型，二者在本质上还是存在区别的。

5.4.3　建设周期

数据中台的建设需要经历长期、分阶段的逐级建设过程，类似联邦企业架构框架的分段建设模式。数据中台建设需要从顶层设计出发，根据企业的目标和发展战略，逐级建设，优先从小场景开始，逐点纳入更多的业务模块，达到企业数字化能力和数据价值的阶梯式增长。在数据中台的建设过程中，企业需要有自己的数据管理团队，提高数据服务和企业数字化运营的能力。数据中台建设大致分为顶层设计、试点示范、深化应用、治理融合。在顶层设计阶段，以企业战略为目标，自上而下推动，分步实施，从数据向上、业务向下同步思考，建立全局架构数据中台的设想，初始化数据采集，着手数据公共层和应用层建设。通过试点示范，选择核心业务，分析业务目标、范围、需求，初步进行业务的重塑。验证技术平台能力，消化中台建设的方法论，以完善相关产品套件及迭代中台全局架构。在深化应用阶段，着力能力沉淀，优化和拓展场景应用，建设范围逐渐扩大，将业务资源和共享服务沉淀整合，持续推进数据公共层的丰富完善，提高数据应用层的算法能力，重塑 IT 架构和企业全链路的运作方式。治理融合阶段，在使用中逐渐磨合企业自身的中台理念和规范，优化组织，提升中台效率。随着业务的扩展和进步，不断迭代，最终构建起企业自身的数字能力生态。

数据中台是战略、是体系，需要过程和时间，需要不断试错，与企业同步发展。数据中台是企业数据创新运营的体系，包括软件、方法和组织。自顶向下，分为战略和治理、技术和平台、组织运营。在战略和治理层，开展顶层设计和规划，建立数据治理体系，保证治理数据质量，管理企业数据目录。在技术和平台层，为企业提供数据和智能的技术平台和能力，统一管理数据和智能服务产品。通过数据智能持续交付平台形成的自动化持续交付能力，迭代数据基础架构形成的数据自服务平台，面向业务的数据服务产品，基于机器学习基础架构智能服务平台，基于持续优化的智能服务产品。在底层建立数据中台的运营体系，维护数据中台的管理和运营。

5.4.4　核心问题域

数据中台应遵循数据管理科学发展基本规律，不能简单以模块化、组件化、通用性去抹平不同类型中台的独特性，特别是不能将业务中台的属性等同于数据中台属性。数据中台的核心问题域包括价值域和管理域，二者互为依存。价值域涉及数据及衍生品周边，包括数据存储和加工、数据业务价值的探索和挖掘、数据服务的构建和发布。管理域面向业务支持和绩效，包括共享和协作、管理和治理、运营和运维。参考 DDD 的建模方法，数据中台解决的核心问题见表 5.1。

表 5.1 数据中台的核心问题域[31]

主题	核心问题空间	运营和运维		管理和治理
服务构建发布	需要什么数据服务	如何获取更多用户	如何识别优质服务	如何保证数据服务的安全性
	如何对外提供服务	如何让服务更稳定	如何让服务更弹性	数据服务价值如何度量
	如何发布服务	如何提升服务的SLA	数据服务如何计费	如何提升数据服务的客户满意度
	数据服务的用户是谁	如何持续的自动化构建和发布数据服务		如何减少数据服务的资源浪费
价值探索挖掘	如何定义业务价值	如何能够决数据标注工作量大问题		如何控制不同用户的权限
	如何从数据中探索新洞察			如何保证数据的安全
	需要哪些数据探索挖掘的工具和技术支撑	机器学习平台如何保证稳定性		如何管埋多个分析挖掘项目
	如何验证数据分析挖掘的价值			如何复用过程数据集
数据存储加工	如何存储海量非结构化数据	如何审计用户操作		如何构建高质量数据
	如何存储海量结构数据	资源如何管理和调度		如何让数据存储和加工更标准
	如何进行数据获取转换和加载	如何自动化测试、交付和集成数据流水线		如何保证数据的安全性
	如何实现流水线的调度	如何管理复杂的基础架构环境		如何让数据可追溯和信任

第6章 大数据共享平台建设

大数据是一套数据处理技术方法体系，实现大数据的存储、计算、共享、备份和容灾、保密等，保证数据处理的时效性和拓展性。大数据平台是基于大数据组件，包括 Hadoop、Spark、Hive、Hbase、Flume、Sqoop、Kafka 等，建立分布式架构，实现批计算、实时计算和流式计算，通过 API 注册和服务，提供数据集共享服务，以及多维的数据融合应用服务。

6.1 通用平台框架

2003 年，谷歌公开了内部对于海量文件的处理技术、GFS 分布式文件系统、并行计算处理框架 MapReduce、高效数据存储模型 BigTable，这些组成了分布式系统基础架构——Hadoop，并为各个大数据组件的诞生打下基础。通用大数据平台是采用大数据处理组件，进行大数据处理，包括采集、分析、挖掘、可视化的综合应用平台，具有分层、分布式架构。

6.1.1 大数据组件

Hadoop 作为行业大数据标准开源软件，在分布式环境下提供了海量数据的处理能力。几乎所有主流厂商都围绕 Hadoop 提供商业化工具开发和技术服务。Hadoop 具有以下特点：①扩容能力好，能可靠地存储和处理千兆字节（PB）数据；②成本低，可以通过普通机器组成的服务器集群来分发以及处理数据，服务器集群可达数千个节点；③高效率，通过分发数据，可在数据所在节点上并行处理，加快数据处理速度；④高可靠性，可自动维护数据多份副本，并且在任务失败后能自动地重新部署计算任务。综上，Hadoop 不仅能够对 PB 量级数据进行分布式计算，更具有可靠、高效、可伸缩的特点。因此，国内外社交软件和电商平台如 Facebook、Twitter、Yahoo、Amazon、国内的天猫和淘宝等均使用 HadoopHive 进行日志分析、协同推荐、垃圾邮件过滤、用户特征建模。

Hadoop 的组件包括 HDFS（Hadoop Distribute File System）、YARN（Yet Another Resource Negotiator，另一种资源协调者）、MapReduce、Hbase、Hive 和 Pig 等，核心组件有 HDFS、MapReduce 和 YARN 等。

HDFS：Hadoop 的数据存储工具。HDFS 是 Google GFS 的开源实现，是一个高容错、适合存储海量数据的分布式文件系统，并且可部署在普通计算机上。在 HDFS 中一个文件通常被拆分成多个 block，每个 block 默认大小为 128MB（可调节）。这些 block 被复制为多个副本，存放在不同的主机上，保证 HDFS 的高容错性。HDFS 采用 Master/Slave 架构模式，一个 Master（Name Node，NN）带 N 个 Slaves（Data Node，DN）。

YARN：Hadoop 的资源管理器。作为通用资源管理系统，YARN 以容器的形式，实现集群内各类资源的整合、管理、拆分，为上层应用提供统一的资源管理和调度，提高了集群的资源利用率、数据共享等。通过 YARN，不同计算框架可以共享同一个 HDFS 集群上的数据，享受整体的资源调度。

MapReduce：Hadoop 的分布式计算框架，用于处理大数据量的计算。其中 Map 对应数据集上的独立元素进行指定的操作，生成键-值对形式的中间结果，Reduce 则对中间结果中相同键的所有值进行规约，得到最终结果。通过 Map 和 Reduce 方式实现分布式程序设计。

Hive：基于 Hadoop 的数据仓库，由 Facebook 开源，最初用于解决海量结构化的日志数据统计问题。Hive 定义了一种类似 SQL 的查询语言（HQL），将 SQL 转化为 MapReduce 任务并在 Hadoop 上执行。

Hbase：分布式列存储数据库。Hbase 是一个针对结构化数据的可伸缩、高可靠、高性能、分布式和面向列的动态模式数据库。与传统关系型数据库不同，Hbase 采用 Bigiable 数据模型，增强了稀疏排序映射表（key/value），其中键由行关键字、列关键字和时间戳构成。Hbase 不仅提供对大规模数据的随机、实时读写访问，还可以调用 MapReduce 进行数据处理，并将数据存储和并行计算进行完美结合。

Zookeeper：分布式协作服务。为分布式应用提供一致性服务，主要解决分布式环境下的数据管理问题，包括统一命名、状态同步、集群管理、配置同步等。提供的功能包括：配置维护、域名服务、分布式同步、组服务等。

Sqoop（SQL to Hadoop）：数据同步工具，主要用于传统关系型数据库和 Hadoop 之间的数据传输。执行关系型数据库（MySQL、Oracle）和 Hadoop 存储系统（HDFS、Hive、Hbase）间的数据导入、导出。

Flume：日志收集工具，具有分布式、高可靠、高容错、易于定制和扩展的特点。Flume 将数据从产生、传输、处理并写入目标路径的过程抽象为数据流，在具体的数据流中，数据源支持定制数据发送方，从而完成不同协议数据的采集。

Spark：通用的数据分析集群计算框架，用于构建大规模、低延迟（秒级）的数据分析应用。支持离线批处理、准实时计算、机器学习和图计算，采用基于内存的多线程并行计算，优化了迭代式的工作负载以及交互式查询。

Storm：内存级计算，属于流处理平台，用于单位数据块实时计算并更新数据库。数据直接通过网络导入内存。与 Hadoop MapReduce 执行历史数据批处理任务不同，Storm 的数据一直在内存流转，实现实时流计算，在一个小集群中，每秒每个节点可以处理数以百万计的消息。

大数据组件应用架构如图 6.1 所示。

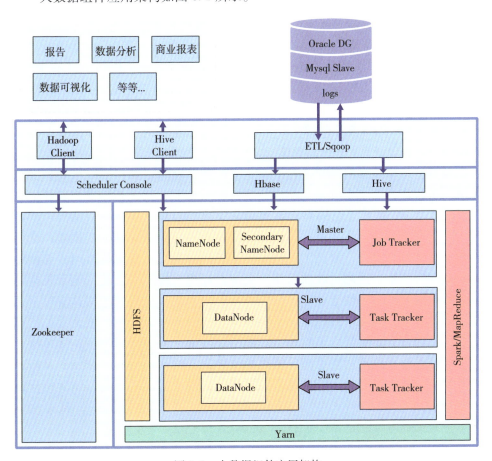

图 6.1　大数据组件应用架构

Kafka：高吞吐量的分布式发布订阅消息系统，用于实时处理所有动作流数据，采用 Hadoop 的并行加载机制来统一线上和离线的消息处理，并通过集群来提供实时的消息。

6.1.2 分布式处理

传统集中式架构因系统间强耦合关系，伴随业务系统和模块的开发不断深入，系统的可用性、可靠性、数据一致性、业务连续性遭遇到了挑战，而纵向扩展费时费力，不能满足大数据时代的海量数据实时和流式计算处理需求。分布式架构强调应用的弹性，一般采用横向扩展的方式，通过增加服务器的数量提升系统的处理能力。其中，每个节点都是一个可独立运行的单元，其失效时不会影响整体的可用性。在分布式架构下，应用系统分散到多个节点运行，降低了对单节点的处理能力要求，为低价服务器替代高性能的主机和小型机服务器创造了条件，大大降低了基础设施的投入成本，提升了安全和自主可控的水平[32]。分布式处理系统分为两类：①底层的分布式系统。比如 Hadoop HDFS（分布式存储系统）、Spark（分布式计算系统）、Storm（分布式流式计算系统）、Elasticsearch（分布式搜索系统）、Kafka（分布式发布订阅消息系统）等；②分布式业务系统，通过业务分析，将一整块系统拆分成多个子系统，系统之间互相调用，又合成一个大系统的整体。

没有分布式架构的时候，各个业务线都是垂直的"烟囱式"项目。随着互联网的快速发展，企业系统功能、规模不断扩大，特别是移动互联网的发展，随着 App、微信、自助终端机等访问渠道的增加，新业务、新需求不断涌入，系统建设遇到了瓶颈：①应用代码耦合严重，造成功能扩展难；②新需求开发交付周期长，测试工作量大；③新开发人员需要很长时间才能熟悉系统；④升级维护困难，改动任何一个地方都要升级整个系统；⑤系统整体性能提升困难，可用性低、不稳定。针对上述问题，分布式架构具有以下优点：①通过垂直或水平拆分业务系统，让其变成分布式架构，增大系统扩充容量；②通过冗余系统以消除单点故障，提高整个系统的可用性；③模块化开发，使系统模块重用度更高；④因为软件服务模块被拆分，开发和发布速度可以并行而变得更快；⑤松耦合系统模式，系统扩展性更高，团队协作得到改善。

分布式架构与传统架构的对比见表 6.1。

分布式系统的挑战，首要是解决一致性问题；其次，解决一系列分布式技术问题，如分布式会话、分布式锁、分布式事务、分布式搜索、分布式缓存、分布式消息队列、统一配置中心、分布式存储以及数据库分库分表、限流、熔断、降级等；最后，根据业务场景进行分布式框架选择。

表 6.1　分布式架构与传统架构的对比

项目	传统集中架构	分布式架构
新功能开发	周期长	并行开发，周期短
部署	部署频率低，易完成	部署频率高且复杂
隔离性	单点故障影响大	单点故障影响降到最小
架构设计	难度小	难度大
系统性能	吞吐量小，响应时间快	吞吐量大，响应时间慢
系统运维	简单	复杂
系统管理	开发管理	服务治理和调度
系统扩展性	差	很好

6.1.3　分层架构

大数据平台框架由数据采集层、数据存储层、数据计算层、数据调度层、可视化层及分析层组成。架构设计沿袭了分层设计的思想，将平台所需提供的服务按照功能划分成不同的模块层次，每一层只与上层或下层的模块进行交互（通过层次边界的接口），避免跨层交互，实现各层内部功能模块高内聚，而层与层、模块与模块之间的松耦合。这种架构有利于实现平台的高可靠性、高扩展性以及易维护性。

数据采集层：通过 ETL/Sqoop 任务流将数据源的数据近实时或实时采集、采用 Flume 采集流式日志数据，可近实时收集，经过滤、聚集后加载到 HDFS 等存储系统。需要说明的是，数据源具有分布式存储、数据异构、多样化及数据流式产生等特点。

数据存储层：对扩展性、容错性及存储模型等有较高要求。一是具有线性扩展能力。在实际应用中，随着数据量不断增加，现有集群的存储能力有限，需要存储系统本身具备非常好的线性扩展能力。二是高容错性。考虑到成本等因素，大数据系统从最初就假设其构建在普通机器上，要求系统本身具有良好的容错机制，以确保在机器出现故障时不会导致数据丢失。三是异构存储模型。由于数据具有多样性，数据存储层应支持多种数据模型，确保结构化和非结构化的数据均能保存。

数据调度层：主要是为了解决资源利用率、运维成本高等问题。

数据计算层：是最活跃的一层。可按照对时间性能的要求，将计算引擎分为批处理、交互式处理和实时处理三类。批处理计算引擎对时间要求最低，分钟、小时、日级别均可，它追求的是高吞吐率，即单位时间内处理的数据量尽可能大，典型的应用有搜索引擎构建索引、批量数据分析等。交互式处理引擎对时间要求高，处理时间为秒级别，需要与人进行交互，提供类 SQL 查询语言，便于用户使用，典型的应用有数据查询、参数化报表生成等。实时处理引擎对时间要求最高，一般处理延迟在秒级以内，典型的应用有广告系统、舆情监测等。

数据分析层：数据分析层直接与用户应用程序对接，为其提供易用的数据处理工具，包括应用程序 API、类 SQL 查询语言、数据挖掘 SDK 等。在解决实际问题时，数据科学家往往需根据应用的特点，从数据分析层选择合适的工具，大部分情况下，可能会结合使用多种工具。典型的使用模式：首先使用批处理框架对原始海量数据进行分析，产生较小规模的数据集，在此基础上，再使用交互式处理工具对该数据集进行快速查询，获取最终结果。

数据可视化层：数据可视化层是直接面向用户展示结果的一层，由于该层直接对接用户，是展示大数据价值的"门户"，因此数据可视化是极具意义的。考虑到大数据具有容量大、结构复杂和维度多等特点，对大数据进行可视化是极具挑战性的。

6.2 系统建设原则

大数据平台的建设属于技术密集型、知识密集型、人才密集型的高投入信息化大工程。良好的大数据平台项目建设需要遵守以下原则：

（1）"一把手"工程原则。首先，大数据平台建设的终极目标是为企业的业务决策、业务变革、业务整合提供分析支撑，"一把手"正是其终极服务对象。管理高层不需要复杂的报表和多种数据分析，就可以直接对大数据平台的应用和价值给出评价，好用不好用，能用不能用。其次，大数据平台建设属于资金密集型活动，投资动辄在百万至千万元级别，对这样一项庞大投资活动，如何核定成本、产出，如何评估经济效益和社会效益，都是需要"一把手"给予定论。三是对于大数据平台而言，数据资源是其核心资产，数据总量在 TB 以上，需要集成企业、集团、产业链的上下游，甚至协调跨行业、跨地区的资源集成，如何实现数据应收尽收，往往不是技术上的问题，正是"一把手"强有力的组织领导和决策指挥作用，才能令大数据平台建设稳定向前。

（2）顶层设计原则。大数据平台建设技术性很强，政策性也很强。项目本身的建设最终要为企业业务服务。历史上从业务线出发、自下向上的烟囱式建设模式既浪费资源又造成数据、业务的割裂，导致信息服务手段无处不在，数据报表越来越多，效率和效益越来越低下的恶性循环。因此，大数据平台建设需要从顶层设计出发，应与管理层进行深度、反复讨论，识别企业发展战略目标、阶段目标、竞争态势，围绕企业发展的战略目标、核心业务进行数据服务的映射，制定系统总体目标。为保证平台项目能够在长周期内顺利实施，首要是获得企业管理层授权，在企业内部推动建立大数据业务管理组织机制、实施保障机制，成立大数据管理团队，为企业培养、培训大数据人才，为平台的落地应用、宣传推广创造条件。大数据平台建设要有的放矢，应充分了解所处行业发展趋势、企业核心业务需求、企业面临的发展痛点，再着手进行系统设计优先级，编写周期性的开发计划。

（3）业务驱动原则。对于大数据建设项目而言，过分强调技术的先进性而忽略对业务的关注、支撑常常是失败的根源。大数据平台框架中有业务分析组件工具，比如数据治理模块、日志分析模块、数据资产中心、服务组件、计算组件等都是围绕业务驱动而形成的。在进行系统设计和开发时，需要对每一个组件的原理、模型、调度、调用进行有机、系统的理解，完成从数据流到业务流的变现。早在 2013 年第 2 版的联邦企业架构中就提出了数据资产的概念，并以数据资产为核心，对企业的数据、业务、基础设施、网络安全、建设绩效进行了关系分解、互为映射。在对业务驱动时，需要聚焦一些关键问题：业务的生命周期、业务突变点的判断、关联业务的高聚合、业务长期态势、业务对长期战略目标/阶段目标的支持、边缘业务。此处所说的业务可以理解为一个数据表或一组数据表。通过指标和衍生指标就可以客观展示业务的全局，包括实时的变化、历史的演变和对未来发展前景的推演。

（4）分段开发原则。大数据平台的建设是一个长周期、持续迭代式的信息化工程。在对企业发展战略目标、核心业务充分梳理后，沿时间轴，可采用横、纵划分业务域和技术域，建立大数据平台建设矩阵，根据企业发展战略目标和业务达标计划，合理规划建设周期；在获得企业充分谅解后，制定分段、分层开发计划。特别需要注意的是，正是由于大数据的复杂架构、高投入影响了回报的不对等性。有调查表明，近五年来的大数据平台建设并没有产生明显的经济效益。大数据平台以丰富的数据服务、多样的开发组件、低成本的弹性扩展为特征。分段开发、小步快走是维护稳妥权益的有效模式。在周期开发计划中，既可以采取从低到高的技术组件式开发，也可以对数据进行分层分片开发。这样每个周期以某一、某几项的业务或服务为主，集中全部资源，聚焦重点问题解决，保证开发的时效、质量和业务回报的迅速兑现。比如，根据业务和技术应用评估，逐次对批计算、实时计算和流式计算服务进行开发，或将采集层、处理层、应用层分开建设，或将某一业务，如共享业务、检索业务、商务智能（BI）作为单独服务模块进行集中开发。

（5）标准化建设原则。大数据平台建设是标准化的集合，目前我国已经发布了 73 项大数据及平台建设标准，其标准体系由基础标准、数据标准、技术标准、平台和工具标准、管理标准、安全和隐私标准、行业应用标准组成。73 项标准包括：①基础标准，总则、术语和参考模型各一项；②数据处理标准，数据整理标准（元数据）18 项、数据分析标准 2 项、数据访问标准 6 项；③数据安全标准，通用安全 11 项、隐私保护 6 项；④数据质量标准，元数据 2 项、质量评价 3 项、数据溯源 2 项；⑤产品和平台标准，关系数据库产品 3 项、非结构化数据管理产品 7 项、可视化工具 1 项、数据处理平台 2 项；⑥应用和服务标准，开放数据集 2 项、数据服务平台 5 项。不同行业的大数据平台建设也需要遵守行业标准，包括行业数据分类标准、行业数据编码标准、行业元数据标准、数据库表标准、系统框架标准、数据交互标准、建设技术标准、交付标准等。还有通用的行业数据处理标准，如地图地理标准等。此外，在应用大数据组件技术中，需要准确区分开源、发行和商用 3 个版本的区别，合理评估不同技术标准下对大数据平台建设技术组成的稳定性和健壮性。在技术选型方面坚持"3T"原则：要解决什么样的问题和场景（Trouble），有哪些技术可供选择（Technology），以及团队技术栈与目标采用技术的匹配程度或者说掌控能力（Team）。

（6）系统安全原则。大数据安全体系是物理安全、主机安全、网络安全和应用安全的总和。大数据安全体系与信息系统安全不同的是应用安全。建立在大数据上的应用安全包括身份认证、访问控制、数据加密、数据安全、容灾备份和安全监控等方面。大数据平台的分布式建设模式，使海量数据在分布式集群中形成高密度网络间传输，对网络的依赖性非常大，除了保证网络设备中各类服务器、交换机有防火墙、定期进行打补丁安全升级外，还需要对各节点进行网络验证、用户鉴权，防止未经授权的应用。有鉴于此，大数据平台创造性地提出了网络白名单功能。通过网络白名单可以对所有集群内的服务节点及其应用层面的访问接入进行认证和限制，满足合法性检查后才能接入，有效地保证各网络节点的安全。另外，应用隔离也是大数据平台安全建设的特征内容。大数据平台上各种业务应用同时运行，而来自四面八方的用户访问目的不同，产生的后果不同，所以，除保证权限访问外，还需要加强不同访问和服务的隔离，防止各应用之间的相互干扰。数据加密、日志审计也是用于数据安全保护的组合手段。在大数据平台安全建设中，还存在对数据权限和数据脱敏的管理。

数据权限不仅是管理数据本身，还包括受限数据产生的相关数据产品，如数据集、数据图、数据表、数据衍生指标等，数据权限的制定不是由数据平台给出的，而是由数据生产商（方）来进行明确限定（到角色级或最低级别用户），通常分无偿和有偿共享两种方式。数据脱敏是大数据平台建设的另一项重要内容。这涉及敏感数据的定义、标识、敏感项处理、传输等。

6.3　数据治理

6.3.1　治理原则

数据治理是服务于数据平台上层的各种应用，通过建立数据质量评估机制、数据资产评估机制，对集成的全部数据资源进行业务应用评估，建立数据资产清单和数据质量中心，保持数据的一致性、完整性、真实性、可靠性、正确性，统一关联和逻辑，识别核心数据，区分冷热数据，实现数据增值应用，提升数据服务效率。在大数据平台建设和服务中，普遍存在五类数据问题亟需解决：

（1）数据质量问题。如及时性、准确性、一致性、规范性等问题。数据质量出问题，直接会导致数据不可用，造成建设资金的浪费，如果有质量问题的数据推送到数据服务层和应用层，会影响业务建模的可信性，出现不可解释性的分析结果，甚至会产生错误的决策，背离了数据平台建设的初始目标。

（2）数据成本问题。大数据平台属于高投入项目，主要是由大数据、异构数据的分布式集群存储、业务统一调度、多计算引擎的成本高昂所致，而互联网时代各行业数据膨胀速度非常快，在大数据基础设施上的成本投入占比异常高，随着数据量的增加成本也会不断攀升，进而造成建设成本不可控。

（3）数据安全问题。大数据平台面向业务提供数据应用服务、决策支撑，决定了数据具有高价值性和高时效性。在外延上，大数据平台整合的重要性数据有业务核心数据、风控数据、用户画像数据、集团发展数据、行业生态链上下游数据等。一旦数据泄露，导致的业务损失不可估量。

（4）数据标准化问题。大数据平台要采集不同来源、多个信息化系统、多个部门、跨行业的数据，而每个来源的数据标准建设程度完全不一样，甚至有相当一部分是没有数据标准的。即使有数据标准，在基本的指标定义、编码规则、量纲单位、字段命名、字段属性、索引方式、查询逻辑、调度顺序也并不能保持一致，导致数据打通和整合过程中会出现很多问题。

（5）数据运营效率问题。大数据平台是复杂、长周期的信息化项目，通常采用迭代式、模块式开发，每一个周期的目标不同，功能模块不同，数据处理和业务类型也不同，存在前后周期数据应用衔接的问题。如何既保证当前周期数据可用，又维护整个系统下全数据集合的运营效率，需要切实解决开发和数据管理过程中存在的数据找不到、数据不能下载、数据不可用等效率低下的问题。

6.3.2 治理架构

数据治理是系统化工程，伴随大数据平台建设的全生命周期。在平台建设项目刚开始，需要建立数据治理架构，制定数据治理策略，确定治理核心。数据治理的架构依托数据管理功能，贯通整个大数据平台，自底向下开展数据仓库层、数据管理层、统一服务层、数据应用层的治理工作。虽然在每一层数据治理工作的内容、方式方法、工具不同，但重点都是实现统一的输出，通过统一数据仓库建设、统一指标管理、统一数据接口、统一产品入口来构成大数据平台的全局数据一致性。数据治理的核心是数据质量，针对常见的问题如数据仓库规范性差、数据一致性差、应用不统一、逻辑不统一等问题，通过制定全链路的数据质量规范，实现规范化建设。在数据采集层，通过配置 ETL 框架，实现采集任务的统一管理；在数据存储层，通过对数据仓库的重构和优化，实现统一规范建设，根据平台的分层和多级业务应用，建立分层（明细层、汇总层、应用层和维度层）建模；统一指标逻辑，包括指标管理、指标的维度管理、指标模型管理和查询逻辑管理；统一服务接口，包括 API、消息推送、在线分析接口等；统一用户产品入口，包括查询服务、共享服务、分析服务、可视化服务等。

统一数据仓库规范建设，按建仓过程分为事前、事中和事后三个阶段，分别进行数据仓库建设标准化规范制定，实现配置化开发，建成后规则化验证。在建立数据仓库前要制定设计规范和开发规范，设计规范要对数据仓库分层和主题进行明确和准确定义，制定不同层表的命名、类型和词根的规范，建立数据仓库公共维度和关联关系；编写开发规范，涉及开发流程、代码生成、代码注释等内容。在数据仓库开发过程中要实现配置化开发，筛选开发工具，实现基础信息、数据仓库主题、分层和代码生成的配置化开发；筛选命名规则标准化工具、上线规则检测工具，实现数据规范性监测和数据依赖监测。数据仓库规范监控包括数据仓库分层、数据血缘、数据仓库相似度等的监控；最终完成数据仓库规范报告和冗余报告。

统一指标管理系统建设，实现标准化和系统化管理。标准化包括流程管理标准化、指标定义标准化、指标使用标准化，系统化包括指标信息管理系统化、查询解析系统化、元数据管理系统化。统一指标管理系统由物理表管理、模型管理、指标管理、元数据管理组成。物理表管理包括表的基础信息、类型、推荐度、归属业务；模型管理包括模型事实表、关联维度表、关联主键、限定条件；指标管理包括指标定义、业务描述、计算逻辑、关联模型等。

数据治理是一项企业级的、日常实施的数据管理工作，需要协调、熟悉、掌握各部门、不同业务的数据产生、业务逻辑和应用需求，需要制定全局的数据治理制度并严格落实。因此，数据治理策略由两部分构成：首先是建立数据治理管理体制，其次是建立良性循环的数据管理机制，二者相辅相成。在企业内部设立数据治理机构，是数据治理体制的建设重点，有了稳定组织后，才能建立良性的、全局的数据治理机制，提高数据治理任务运转效率。数据治理机制由数据治理核心领域及在其上建立的一系列标准化规范组成，标准化规范包括治理流程、数据仓库、数据指标、数据模型、数据安全和数据成本等。

6.3.3　核心领域

数据治理的核心领域主要涉及元数据管理、主数据管理、数据标准管理、数据质量管理和数据安全管理五方面，近年还增加了数据效率管理和成本管理两项内容。

（1）元数据管理。一方面，在大数据项目中，元数据的缺失是其固有属性；另一方面，元数据管理是企业级数据仓库中的关键组件，贯穿了数据仓库的整个生命周期。元数据主要记录数据仓库中模型的定义、各层级间的映射关系、监控数据仓库的数据状态及 ETL 的任务运行状态。对于 ETL 任务流，元数据定义了源数据系统到数据仓库的映射、数据转换规则、数据更新规则、数据导入历史记录、装载周期、数据仓库逻辑结构等相关内容。一般会通过元数据库来统一存储和管理元数据，其主要目的是使数据仓库的设计、部署、操作和管理能达成协同和一致，实现数据仓库管理自动化、可视化、高效化。在使用数据仓库时，通过元数据访问数据，明确数据项的含义以及定制报表。此外，通过元数据管理实现配置化开发，增加或移除外部数据源，改变数据清洗方法，控制查询以及安全备份等。

（2）主数据管理。主数据是描述企业核心业务实体的数据，具有高业务价值，可以在企业内跨部门重复使用的数据，并且存在于多个异构的应用系统中。主数据可以包括很多方面，如用户、合作伙伴、员工、产品、原料单、账户等。主数据因业务不同而不同；主数据还包括关系数据，用以描述主数据之间的关系，如客户与产品的关系、产品与地域的关系、客户与客户的关系、产品与产品的关系等。主数据一旦被记录到数据库中，需要经常对其进行维护，从而确保其时效性和准确性。主数据管理是指一整套的用于生成和维护企业主数据的规范、技术和方案，以保证主数据的完整性、一致性和准确性。集成、共享、数据质量、数据治理是主数据管理的四大要素，主数据管理要做的就是从企业的多个业务系统中整合最核心的、最需要共享的数据（主数据），集中进行数据的清洗和丰富，以服务的方式把统一的、完整的、准确的、具有权威性的主数据分发给全企业范围内需要使用这些数据的操作型应用和分析型应用，包括各个业务系统、业务流程和决策支持系统等。主数据管理使得企业能够集中化管理数据，在分散的系统间保证主数据的一致性，改进数据合规性，快速部署新应用，充分了解客户，加速推出新产品的速度。从 IT 建设的角度，主数据管理可以增强 IT 结构的灵活性，构建覆盖整个企业范围内的数据管理基础和相应规范，并且更灵活地适应业务需求的变化。

（3）数据标准管理。数据标准化是指研究、制定和推广应用统一的数据分类分级、记录格式及转换、编码等技术标准的过程。也有人定义，数据标准是一套由管理制度、管控流程、技术工具共同组成的体系，实现统一的数据定义、数据分类、记录格式和转换、编码等的标准化。数据标准管理的内容包括：①数据模型标准，即元数据的标准化。数据模型标准是元数据管理的主要内容，是企业数据治理的基础。②主数据和参照数据标准。主数据是用来描述企业核心业务实体的数据，被称为企业的"黄金数据"。参照数据是用于将其他数据进行分类或目录整编的数据，是规定数据元的域值范围。参照数据一般是有国标可以参照的且固定不变的，或者是用于企业内部数据分类的且基本固定不变的数据。主数据与参照数据的标准化是企业数据标准化的核心。③指标数据标准。指标数据是在实体数据基础之上，增加了统计维度、计算方式、分析规则等信息加工后的数据。指标数据标准是对企业业务指标所涉及的指标项的统一定义和管理。这些指标不仅需要在业务系统中统计和展现，还需要在数据分析系统中展现，部分指标数据需要从多个不同的业务系统中获取。

（4）数据质量管理。数据质量管理是对数据从计划、获取、存储、共享、维护、应用直至消亡全生命周期的每个阶段里可能引发的数据质量问题，进行识别、度量、监控、预警等一系列的管理活动，并通过改善和提高组织的管理水平使得数据质量获得进一步提高。数据质量管理的终极目标是通过提升数据可靠性而增加其使用价值。数据质量管理是一套管理流程，集方法论、技术、业务和管理为一体的解决方案。通过建立有效的数据质量控制手段，消除数据质量问题，从而提升企业数据变现的能力。在数据治理过程中，一切业务、技术和管理活动都围绕这个目标展开。数据质量由数据真实性、准确性、唯一性、完整性、一致性、关联性、及时性组成，数据质量管理主要围绕上述领域展开。其中真实性管理是指数据必须真实准确地反映客观实体存在或真实的业务。准确性也叫可靠性，准确性管理是识别哪些是不准确的或无效的数据。数据唯一性管理是用于识别和度量重复数据、冗余数据。数据完整性管理主要对模型设计不完整（唯一性约束不完整、参照不完整）、数据条目不完整、数据属性不完整（数据属性空值）进行识别和管理。数据一致性管理是识别和管理多源数据的数据模型不一致，如命名不一致、数据结构不一致、约束规则不一致、数据实体不一致等。数据关联性管理是识别数据关联的数据关系缺失或错误，如函数关系、相关系数、主外键关系、索引关系等。数据的及时性是指能否在需要的时候获取数据，这与企业的数据处理速度及效率有直接的关系，是影响业务处理和管理效率的关键指标。做好数据质量管理，应抓住影响行业或业务数据质量的关键因素，设置质量管理点或质量控制点，从数据源头抓起，从根本上解决数据质量问题。对于数据质量问题采用量化管理机制，分等级和优先级进行管理，严重的数据质量问题或数据质量事件可以升级为故障，并对故障进行定义、等级划分、预置处理方案和检查。数据质量管理量化后，通过统计过程控制就可以对数据质量进行监测。一旦发现异常值或者数据质量的突然恶化，根据数据产生的逻辑找到产生数据的业务环节，然后采用六西格玛流程改善中的经典分析方法对业务进行完善，真正做到有的放矢。

（5）数据安全管理。数据安全分为数据入平台前权限规范（事前预防）、入平台后安全规范（事中监控）、应用审计（事后追踪）三个阶段。事前预防主要是建立接入平台的数据权限管控机制，包括数据的密级分类、相应应用权限（查询、下载、导出操作等）和权限审批；事中的数据应用安全包括数据脱敏、查询权限控制和查询风险控制。事后追踪为应用审计，包括交互查询和下载日志、数据使用审计等。在数据安全管理中，需要根据具体数据管理要求，因地制宜制定并实施密文传输、最晚解密、最小范围提取、最少授权、全程审计 5 个原则。业务系统作为数据源头层，筛选业务敏感数据，并在数据生成过程加密。在数据应用层，数据安全操作包括权限配置、使用查询日志、数据审计、风险预警等。

（6）数据效率管理。在海量的大数据平台中，良好的数据发现机制可以让用户快速找到所需要的数据，这对提升数据的运营效率是非常重要的。在共享类服务平台中，一是建立标准化的数据资源目录，并以树状结构展示，用作各类数据入口；二是建立标准化业务场景模块，将主题数据与业务场景进行一一映射，从而建立业务线的数据资源入口；三是提供个性化的数据推荐工具，比如常见问题解答等；四是基于历史数据应用沉定，建设知识库。通过上述操作，在数据使用和数据资产之间建立快速的联系渠道，实现数据的一键跳转，提升数据效率。

（7）数据成本管理。分析大数据资源成本内容及相应各部分占比，梳理成本组成及待管理项。据统计，大数据平台数据成本包括计算成本、存储成本和日志采集三部分，分别占比在70%、20%和10%左右。成本管理也相应分为计算成本管理、存储成本管理和日志采集成本管理三部分。计算成本管理的主要任务是无效任务治理、超长任务优化、提高资源满意率、对资源进行统一管理。存储成本管理包括冷数据管理、重复数据管理、数据生命周期管理、存储格式压缩。日志采集成本管理包括日志下游应用监控、日志上报方式优化、无效埋点优化。成本管理通过成本的精细化拆分以求降本增效。拆分的路线是沿租户的任务队列，将计算、存储和日志采集逐一进行拆分。其中计算分为实时计算和离线计算，再统计不同租户每种计算方式下的配置量、使用量、弹性量等。存储的管理成本归一到各类数据库（包括 SQL 和 NoSQL）的资源占用中。日志采集成本管理主是对数据进入 ODS 层、采集通道和 Kafka 消息队列的细分和清理。

通过数据治理，大数据平台可实现三个目标、四种能力[33]。三个目标包括：①统一指标管理的目标。保证指标定义、计算口径、数据来源的一致性。②统一维度管理的目标。保证维度定义、维度值的一致性。③统一数据出口的目标。实现了维度和指标元数据信息的唯一出口，维度值和指标数据的唯一出口。四种能力分别是指：①提供维度和指标数据统一监控及预警能力；②提供灵活可配置的数据查询分析能力；③提供数据地图展示表、模型、指标、应用上下游关系及分布的能力；④提供血缘分析追查数据来源的能力。

6.4 元数据模型

6.4.1 元数据定义

元数据是数据的数据。元数据描述了数据的结构、内容、链和索引等项内容。在传统的数据库中，元数据是对数据库中各个对象的描述，数据库中的数据字典就是一种元数据。在关系型数据库中，元数据是对数据库、表、列、视图和其他对象的定义；在数据仓库中，元数据定义的是数据仓库中对象——表、列、查询、业务规则及数据仓库内部的数据转移[34]。元数据在数据源抽取、数据仓库开发、业务分析、数据服务、数据萃取及重构工程中均发挥重要作用。

在科学数据共享建设中，元数据应用主要体现在数据资源的组织和检索，数据仓库设计、维护、扩充，以及数据应用的全景信息。

6.4.2　元数据分类

元数据通常分为业务元数据、技术元数据和操作元数据三类，三者之间关系紧密。业务元数据指导技术元数据，技术元数据以业务元数据为参考进行设计，操作元数据为两者的管理提供支撑[33]。

业务元数据是定义和业务相关数据的信息，用于辅助定位、理解及访问业务信息。业务元数据主要包括：业务指标、业务规则、数据质量规则、专业术语、数据标准、概念数据模型、实体/属性、逻辑数据模型等。

技术元数据分为结构性技术元数据和关联性技术元数据。结构性技术元数据提供了在信息技术的基础架构中对数据的说明，如数据的存放位置、数据的存储类型、数据的血缘关系等。关联性技术元数据描述了数据之间的关联和数据在信息技术环境之中的流转情况。技术元数据主要包括：技术规则（计算/统计/转换/汇总）、数据质量规则技术描述、字段、衍生字段、事实/维度、统计指标、表/视图/文件/接口、报表/多维分析、数据库/视图组/文件组/接口组、源代码/程序、系统、软件、硬件等。

操作元数据主要指与元数据管理相关的组织、岗位、职责、流程，以及系统日常运行产生的操作数据，如运行记录、应用程序、运行作业等。

在大数据平台建设中，数据仓库的元数据丰度和质量是决定数据服务的关键因素，元数据组成包括数据表元数据信息、模型元数据信息、维表与维度的绑定关系、数据模型字段与指标的绑定关系等。

（1）数据表元数据。包括表的元数据信息（引擎、字段等）、表类型（维表或事实表）、表使用情况（是否被模型使用）、表对应的 ETL、表的负责人、表的推荐度、描述信息、表的监控配置阈值及报警历史、样例数据等。

（2）模型元数据。包括数据表的关联方式（join、leftjoin、semijoin 等）、数据表的关联限制、模型 ER 图、模型包含字段、模型字段与维度的绑定关系、模型与指标的绑定关系。需要注意的是，OLTP 和 OLAP 模型有所不同，前者为星型模型或雪花模型，后者多用 MOLAP 或 ROLAP 模型。

（3）维度元数据。包括业务元数据和技术元数据。其中维度的业务元数据包括维度名称、业务定义、业务分类。维度的技术元数据对应维度的数据信息，包括是否有维表（是枚举维度还是有独立的维表）、是否是日期维、对应 code 英文名称和中文名称、对应 name 英文名称和中文名称。如果维度有维度表，则需要和对应的维度表绑定，设置 code 和 name 对应的字段；如果维度是枚举维度，则需要填写对应的 code 和 name。实施维度的统一管理，有利于数据表的标准化。

（4）指标元数据。包括业务元数据和技术元数据，衍生数据包括关联指标、关联应用管理。指标的业务元数据主要包括指标名称、定义、业务分类、统计频率、精度、单位、计算逻辑、分析方法、影响因素、分析维度等信息。在指标的业务元数据中还有一个比较重要的内容——监控配置，主要是配置指标的阈值区间。指标技术元数据构成比较复杂，包括指标数据类型、指标代码、与模型的绑定关系。核心是指标与模型的绑定关系，以及采用哪种形式绑定，是物理模型绑定还是虚拟模型绑定。物理模型绑定是指标与物理模型字段绑定，并配置对应的计算公式、模型过滤条件等；虚拟绑定模型是借助第三方指标并与其对应的物理模型进行绑定。衍生数据的关联指标、关联应用管理主要用于观察指标被其他指标和数据分析使用的情况，以便进行权限控制和继承。

6.4.3　元数据建模

除 ISO、OMG、W3C 的元数据标准外，随着国家科学数据共享工程的推进，国内各行业均制定了本部门的科学数据元数据标准。目前国内制定颁布的科学数据元数据标准主要有《生态科学数据元数据》（GB/T 20533—2006）、《地质信息元数据标准》（DD 2006—05）、《国土资源信息核心元数据标准》（TD/T 1016—2003）、《地理信息元数据》（GB/T 19710—2005）、《水利地理空间信息元数据标准》（SL 420—2007）、《农业科技信息元数据标准》（ASTICM）等。各学科元数据标准的构建思路总体一致，主体部分由元数据构成模块和核心元数据元素构成。以生态科学为例，其全集元数据由标识信息模块、数据质量模块、方法信息模块等 10 个信息模块构成，并包括了标识符、摘要、语种等 15 个核心元数据元素。在《政务信息资源目录编制指南》中，提出政务信息资源元数据标准由核心元数据和扩展元数据组成。核心元数据包括：分类、名称、代码、提供方代码、摘要、存储格式、结构项信息、共享属性、开放属性、更新周期、发布日期、关联资源代码。

不同组织、机构建立了相对统一的元数据标准体系，但对元数据管理的关注的重点和外延不同[35-37]。当前大多数的元数据标准是静态的，关注术语概念、标识和通用属性等，鲜少涉及数据生命周期流转及其不同形态数据产品，既不利于数据的灵活组织和应用，也不利于数据权限的继承和管理。大数据平台的建设以数据分库、分层操作、分布部署、多样应用为主要特征，数据是灵动的，像流一样贯穿整个平台，因此，需要采用与平台建设相一致特征的元数据模型作为建模标准。建模原则一是要涉及数据出入平台的全周期，包括但不限于数据采集、清洗、治理、组织、交互、分发、密签、统计等全过程；二是要涉及数据全形态，包括指标、记录、维表、库表、视图、数据集、BI、可视化产品；三是要涉及数据调用信息，包括 URL、API、接口、调用协议等；四是面向数据高效动态应用和价值管理目标。

大数据平台元数据建模如图 6.2 所示。

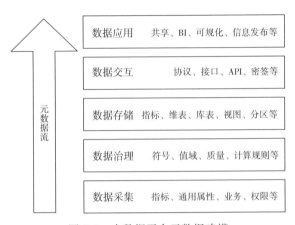

图 6.2　大数据平台元数据建模

6.5　业务逻辑模型

6.5.1　业务建模定义

业务建模又称企业建模，它是以软件模型方式描述企业管理和业务所涉及的对象和要素，以及它们的属性、行为和彼此关系，业务建模强调以体系的方式来理解、设计和构架企业信息系统。

业务建模通过创建业务处理模型，实现业务处理自动化过程，是独立于软件需求分析的一项重要工作。业务建模是决定软件工程成败与否的关键。软件需求和业务建模的区别在于前者是功能，后者是功能间的关系，通常在开发过程中重需求轻业务，更多关注单点功能及其多样性，而对不同功能间的内逻辑关系、不同功能的组合的业务响应建模关注不足或没有关注，致使很多系统建设失败。

鉴于业务建模的功能间强逻辑属性，建模步骤包括：①开展业务分析，定义业务目标，识别涉及业务版块，厘清核心业务场景，划定业务边界；②梳理业务流程，建立从业务发起到业务结束的流程图，识别其中显性存在和隐性存在的所有功能和所有实体，包括发起对象、中间节点对象、终点对象、关联对象等；③完成由前后顺序、优先级、判断分支、循环分支、计算规则等逻辑关系在内的响应机制逻辑关系梳理；④对不同功能、实体和其间的逻辑关系集合，按业务性质聚合成业务的概念模型；⑤对概念模型的实体进行数据描述和约束，构建业务模型。

6.5.2　业务分析

业务分析由业务定义、业务流程和业务逻辑梳理三部分组成。

（1）业务定义。即定义业务代码、主管部门、业务版块、业务名称和业务描述定义。以污染防治为例，业务名称为污染防治，业务代码为 B06. 304. 025，属环境与自然资源部门管理，业务版块是实现污染防治和削减，定义为"污染防治和控制包括筛选适当的污染物标准，控制企业生产中有害物质排入环境的浓度水平，环境污染削减项目也包括在该条目中"。通过污染防治和削减定义，定义其业务场景为有污染物排放发生、超出排放标准，并且可能会对周围环境造成污染，按照国家或地方法律法规而需要采取行动、有可行技术方案的场景；业务边界是指超出污染防治和削减业务的领域，比如企业有生产不存在污染物排放，有污染物排放但不会发生超标排放，或没有造成环境污染的企业生产线开、停工间歇性排放等。

（2）业务流程。业务流程是从业务起点到终点的全过程，以列表的形式穷尽该业务下所有子细务，直至业务过程的最小粒度，即至少包含一个事实记录信息。根据业务流程分析绘制业务流程图。需要注意的是，一个大的业务过程可以向下细分为很多子类业务过程，业务过程如有遗漏则会造成数据的不连续性、逻辑跳跃或缺失。梳理各流程下因业务动作产生的业务数据和维度。业务过程是以"参与人"为出发点，中间节点也是不同参与对象，与业务主体——企业或大数据平台发生的业务动作，如浏览、订阅、使用、投诉、退订等。这些参与对象在建模中被称为实体，识别不同流程中节点的实体，记录下各实体属性和实体间的关系，通常用物理表、字段和关联字段（主外键）表示。

（3）业务逻辑梳理。在一个完整的业务流程中，最核心的是逻辑顺序及触发条件。什么条件下开启/触发业务流程？主流程包括哪些节点？在哪级节点、什么条件下会发生旁支流程？如果不满足业务条件如何返回上一节点直到满足所有条件？在业务流程的演进中，经常会处理业务的前后顺序、优先级顺序、判断分支、循环和结束。在业务逻辑梳理中，需要汇总主要逻辑和次要逻辑，其中，主要逻辑是决定业务流程主干整体演进方向和目标能否实现的逻辑条件组合；次要逻辑是决定业务由主流程向旁支流程触发的逻辑条件，更多是不利于主干流程演进的影响因素。需要明确一点的是，次要逻辑和旁支流程也是业务流程的重要组成部分，是保障主干流程逻辑正确的关键。

6.5.3　业务建模

在建模中，常用术语包括实体及关系、业务对象、业务活动、主题域、概念等。

（1）实体是指业务对象或者业务活动在数据世界的投射，实体一般与数据表一一对应。某几个实体可能具有相同的特征（表现为有很多相同的属性），这几个实体可以抽象泛化为泛化实体，泛化实体没有对应的数据表。实体之间关系也是建模的主要内容，通常分引用和继承两种：①引用关系，包括一对一、一对多和多对多三类，表示有引用关系的两个实体的实例（记录）之间的数量关系；②继承关系，实体 A 从属于实体 B，在概念上 A 比 B 更细化具体。

（2）业务对象是一种实体，是参与业务的人和物，也可以是纯粹的概念，如用户（人）、商品（物品）和类目（概念等）。

（3）业务活动是一种实体，指业务对象的变化行为或业务对象之间交互行为，如调查行为和销售行为等。

（4）概念是对业务过程中具体事物和组织的抽象表达，在进行建模时建立并使用概念类录列表找候选概念。概念类录（来自百度百科）和举例见表 6.2。

（5）业务建模同数据库建模相应，自底向上分为概念建模、逻辑建模和物理建模三部分。概念建模依赖业务主题域。由于物理建模是依据逻辑模型，对分析对象逐一进行属性和维度设计，属于数据库表设计过程，故此处略。主题域是概念域，在分析典型业务过程并重构数字化业务过程中，对所涉及业务对象先归并再按业务性质高度聚合而成的一组具有数据交互关系的概念集合。分析主题是一个具有业务或技术聚类特征的派生指标或标签的集合，通常可作为交付单元来完成。概念模型是在主题域基础上，将对系统目标有关系的对象高度抽象为概念，以实体表示，明确不同概念（实体）属性和之间的关联关系。一般先从业务过程中进行分析对象的识别，对于相同的分析对象进行合并，聚合成系统唯一概念命名的对象，并且将与该分析对象相关联的事实、维度数据合并到一起。常采用实体关系图（ER 图）表示。在概念模型的基础上，增加每个实体的属性以及属性的约束，就成为逻辑模型。每一个逻辑模型实体对应一个逻辑表（业务对象对应维度逻辑表，业务活动对应事实逻辑表）。

表6.2　概念类目及实例

概念类目	举例
物理的或实在的对象	监测仪器、台站
规格说明、设计或者事物的描述	数据源描述、产品规格说明
地点	省份、城市
事务	注册、订阅
在线事务处理项	共享项、统计项、质控项
人的角色	数据提供方、用户、审核方
包含其他事物的包容器	生产车间、运输车辆
被包含在包容器内的事物	产品、燃料
系统外部的其他计算机系统或机械电子设备	服务注册系统、信息交互系统
抽象的名词性概念	实时数据、地图服务
组织	企业、机构
事件	数据采集、抽取、清洗、装载
过程（通常不用概念来表达，但有时也会用概念来表达过程）	数据治理、接口开发
规则和策略	数据资产管理政策、接口开发规范
目录	数据资源目录、图片目录
财政收支、工作情况、合同等的记录	收据、开发合同、维护日志
金融工具和服务机构	信用卡、股票
手册、书籍	运维手册

业务逻辑模型的设计遵循以下原则：①高内聚和低耦合原则。一个逻辑模型和物理模型由哪些数据表、记录和字段组成，应该遵循最基本的软件设计方法论的高内聚和低耦合原则。主要从数据业务特性和访问特性两个角度来考虑：将业务相近或者相关的数据、粒度相同数据设计为一个逻辑或者物理模型；将高概率同时访问的数据放在一起，将低概率同时访问的数据分开存储。②核心模型与扩展模型分离原则：建立核心模型与扩展模型体系，核心模型包括的字段支持常用核心的业务，扩展模型包括的字段支持个性化或是少量应用的需要，必要时建立核心模型与扩展模型的关联，严禁扩展字段过度侵入核心模型，破坏核心模型的架构简洁性与可维护性。③公共处理逻辑下沉及单一原则。越是底层公用的处理逻辑越应在数据调度依赖的底层进行封装与实现，严禁公共的

处理逻辑暴露在应用层实现，严禁公共逻辑在多处同时存在。④成本与性能平衡原则。适当的数据冗余换取查询和刷新性能，不宜过度冗余与数据复制。⑤数据可回滚原则。处理逻辑不变，在不同时间多次运行数据结果确定不变。⑥一致性原则。相同的字段在不同表字段名相同。⑦命名原则。表命名规范须清晰、一致，表名须易于下游理解和使用。

6.6　数据高效存储

数据存储对大数据平台的性能和服务效能起着非常重要的作用。好的存储具有高性能、易扩展、成本低和利旧等特征。在数据存储架构设计上，通常考虑如下内容，包括：数据存储方案的合理性、存储数据的一致性、数据复制的同步性、数据灾备恢复的快速性和在线数据调度的服务能力。在大数据平台的建设中，数据存量、数据增量、松散结构特点及应用特点也都会左右存储建设的进行，主要表现在：一是要符合数据多源异构的特点，在经济可行的条件下，按需存储、行列存储并存，实现分类存储、统一调用；二是数据长、短期存储管理并重，并提供较完善、可持续的解决方案；三是线上、线下数据服务统筹，最终实现实时计算、批计算和数据流计算的流畅调度。因此，数据的存储建设秉持有的放矢、紧紧围绕大数据平台建设及应用目标开展。基于对大数据平台建设周期、功能需求、数据特征、统一服务类型的充分理解和成型方案上，再开展存储的设计和建设。对于科学数据而言，还要面对另外一个客观问题，即这类数据通常表现为体量庞大、过于分散，存储格式和发布载体多种多样，而要形成大空间范围、长时间尺度科学研究服务能力，还需要进行数据的深度汇编[39]，从而实现不同来源、不同载体数据实现统一格式、统一存储和快速调用。

6.6.1　存储分类

存储由存储设备、协议、网络结构三部分组成。存储设备依据接口类型、数据传输协议和存储介质，分为 SCSI（Small Computer System Interface，小型计算机系统接口，并行传输总线）存储、NAS 存储、FC（高速串行传输总线）存储、iSCSI（Internet Small Computer System Interface，Internet 小型计算机系统接口）存储和磁带存储。存储系统的网络结构是指存储设备、主机以及二者间的连接系统所形成的整体拓扑结构，存储系统网络结构不同，存储设备的工作方式、流程和性能就会不同。主流的存储系统网络架构有 DAS、NAS、SAN 三种。

DAS（Direct-Attached Storage）架构：直连式存储，采用 iSCSI 协议，数据存储设备直接挂在服务器内部的总线上，依赖服务器主机操作系统进行数据的 IO 读写和存储维护管理，数据备份和恢复占用服务器主机资源（包括 CPU、系统 IO 等）20%~30%。适用本底部署、存储量低、服务器数据少的小型网络。缺点是扩展性差，存在性能瓶颈。

　　NAS（Network-Attached Storage）架构：网络接入存储，采用 IP 网络可访问的存储设备，支持 NFS、CIFS、FTP、HTTP 等多种协议，也称为 NAS 文件架构。需要说明的是，存储设备不一定是磁盘阵列，也可能是一台提供网络访问接口（提供标准数据共享协议 NFS、CIFS）的主机。NAS 对外以文件系统的方式提供服务，其外在表现是通过打开文件，文件读写等接口进行 IO 操作。NAS 可实现即插即用，扩展性高且经济性好，已经成为中小企业普遍的选择。

　　SAN（Storage-Attached Storage）架构：采用 FC、iSCSI 协议，通过专用高速网将一个或多个网络存储设备和服务器连接起来的专用存储系统，分为 FC-SAN 和 IP SAN 两类产品，二者比较见表 6.3。连接介质包括光纤卡、单光纤交换机和双光纤交换机，相应实现直连网、单交换组网和双交换组网。SAN 具有高可用性、高性能、高扩展性、兼容性、可集中管理等特点，已经成为业界标准，适用关键数据库、集中存储、海量存储、备份、容灾等中高端存储应用环境。SAN 架构下存储资源可共享，支持集中、远程、灵活的管理[38]。中国资源卫星应用中心卫星地面系统在存储架构上，采用集中存储、系统管理和分布式处理的分布式体系结构，即由 PC 服务器集群与 SAN 存储系统组成的分布式体系结构[39]。

表 6.3　FC SAN 与 IP SAN 性能对比[38]

项目	FC SAN	IP SAN
网络速度	1GB、2GB、4GB、8GB	1GB、10GB
网络架构	单独建设光纤网络和 HBA 卡	使用现有 IP 网络
传输距离	光纤传输距离	无
运维	复杂	类似 IP 设备
兼容	差	与所有 IP 设备兼容
性能	传输、读写性能高	1GB，占用主机 CPU 资源
成本	高	低
容灾	成本高	本异地容灾、成本低
安全	较高	较低，易丢包、截取

6.6.2　分布式存储

　　传统集中存储架构因其特有的局限性不适用于大数据存储，主要表现为横向扩展性较差和存储管理难。其中，横向扩展性较差表现为前端控制器横向扩展能力非常有限，仅能实现几个控制器的横向扩展。受限于前端控制器的对外服务能力，纵向扩展磁盘数量也无法有效提升存储设备对外提供服务的能力。因此，前端控制器成为整个存储性能的瓶颈。不同厂家传统存储之间的差异性主要表现为设备的管理和使用方式各有不同，普遍存在软硬件紧耦合、管理接口不统一等限制因素，无法实现资源的统一管理和弹性调度，导致设备使用的便利性和利用率不高。

　　分布式存储是大数据平台广泛采用的数据存储架构，可以完成 PB 级别的数据存储。其本质是通过分布式的系统结构，采用多台存储服务器或规模集群来分担数据存储负荷，利用定位服务器定位数据存储节点，从而执行全系统的数据操作。基于分布式架构，分布式存储可预估并且可弹性扩展计算能力、存储容量和性能。分布式存储的水平扩展可以线性实现集群系统整体容量和性能扩展，新节点增加后系统会自动进行旧数据迁移，实现负载均衡，整个扩展过程不会对业务造成影响。分布式存储有多种实现技术，如 HDFS、Ceph、GFS、Switf 等[40]。

　　分布式存储主要有两类，一类是传统分布式存储，也称为中心节点架构，如 HDFS。在服务器拓扑上由 Namenode（元数据管理）和 Datanode 两类节点组成，二者是一对多的关系，即一个 Namenode 管理多个 Datanode。一个完整的文件通过分片算法被拆分成若干部分存储在多个 Datanode 上，交由 Namenode 进行数据定位和寻址，再在 Datanode 上完成操作。相对于中心架构的分布式系统，元数据服务器因为对应众多 Datanode 节点的数据操作而需频繁被访问，不可避免地成为整个系统的性能瓶颈，同时，全局一致的元数据服务也限制了分布式存储系统的扩展性和可用性[41]。另一类是无中心架构的分布式存储，如 Ceph。Ceph 已经成为私有云部署的首要方式。Ceph 可同时满足分布式的文件存储、块存储和对象存储，服务的对象既包括文件、数据库，也包括计算机系统，具有广泛适用性。典型的 Ceph 架构由 ODS（面向对象存储）设备集群、元数据服务器和 Monitor 组成。ODS 设备是最小存储单元，可独立完成数据的存储、备份、恢复；在 Ceph 架构中，元数据服务器，集群消除了之前中心架构因单一元数据库服务器造成的系统性能瓶颈；Monitor 主要负责监测集群的负载均衡和进行心跳检查。最重要的一点是，Ceph 采用可扩展哈希的受控副本分布算法

（Controlled Replication under Scalable Hashing，CRUSH）进行数据节点的自动分配，这也是目前实践检验的最好的数据分布算法[42]。因此，Ceph 数据管理机制更好，伸缩性更强，更适合大数据存储。

此外，分布式部署还在分级存储、容灾安全、标准化等方面具有显著优势，在处理海量数据的存储时更具有高的绩效比。主要表现为：

（1）支持分级存储。分布式存储是通过网络进行松耦合链接，因此允许高速存储和低速存储分开部署，或者以任意比例混合部署。在不可预测的业务环境或者敏捷应用情况下，分层存储的优势可以发挥到最佳。

（2）容灾与备份。分布式存储采用多时间点快照技术进行容灾，能够实现一定时间间隔下的各版本数据的保存。多副本技术、数据条带化放置、多时间点快照和周期增量复制等技术为分布式存储的高可靠性提供了保障。

（3）标准化程度高，成本更低。分布式存储优先采用行业标准接口（SMI-S 或 Open Stack Cinder）进行存储接入。在平台层面，分布式存储将异构存储资源进行抽象化，将传统存储设备级的操作封装成面向存储资源的操作，从而简化异构存储架构的操作，实现存储资源的集中管理，并能够自动执行创建、变更、回收等整个存储生命周期流程。基于异构存储整合的功能，可以实现跨品牌、多介质容灾，如用中低端阵列为高端阵列容灾，用不同磁盘阵列为闪存阵列容灾等，大幅降低了存储采购和管理成本。

分布式存储虽综合优势突出，但也有局限，主要表现在：①技术要求高。分布式存储软件多为开源或者基于开源系统，对技术能力和运维能力要求高，甚至要求具有一定开发能力。②数据分配算法。无论是 KV 存储、对象存储、块存储、列存储，分布式存储面对的首要问题都是采用哪种算法将大量的数据在不同节点分配并取得高性能。③数据一致性问题。相比传统存储，分布式存储的数据同步是一个关键问题，在对数据一致性要求比较高的应用场景下其应用受限。④稳定性问题。分布式存储严重依赖网络环境和带宽，如果网络发生抖动或者故障，其运行受到影响。

6.6.3　非关系型数据库

大数据的主要特征之一是异构，而目前利用大数据进行行业或企业画像，以及进行决策所需的预测研究是当下数据应用的热点。如何对文件、多媒体等异构数据进行存储、查询、决策应用是大数据平台共享建设的重要考虑内容之一。传统关系型数据库仅面向结构化数据管理，远不能适应大数据平台建设和应用所需。数据库按照组织方式分为关系型数据库和非关系型数据库两大类。

关系型数据库是采用二元关系模型的数据库，以行和列的形式存储数据，易于理解且使用广泛。在关系型数据库中，对数据的操作几乎全部建立在一个或多个关系表格上，通过对这些关联表格执行分类、合并、连接或选取等运算来实现数据的管理。主流的关系型数据库有 Oracle、SQLServer、DB2、MySQL、PostgreSQL 等。

非关系型数据库又称 NoSQL，实现了异构数据的存储、查询和分析。不同于关系型数据库，NoSQL 采用聚合模型进行数据组织。聚合模型主要分为键值对（KV）、BSON、列族、图形等几种方式。适用数据类型包括：①键值对，Map 存储模式；②BSON，一种类 JSON 的二进制存储格式，支持内嵌的文档对象和数组对象；③列簇，按列存储数据，用于结构和半结构化数据的存储，可进行数据压缩，在列查询上有显著的 IO 优势；④图形，存储对象关系，构建关系图谱。两类数据库对比见表 6.4。

表 6.4　关系型数据库与非关系型数据库对比

项目	关系型数据库	非关系型数据库
数据存储	关系表	数据集（KV/JSON 文档/哈希表/其他）
结构模式	二维表，结构化存储	多维关系模型，弱结构化存储
扩展方式	纵向扩展，扩展困难	横向扩展，易于扩展，灵活性好
数据查询	SQL（标准结构化查询语言）	UnSQL（非标准非结构化查询语言）
关键特性	ACID（原子性、一致性、独立性、持久性）	CAP（一致性、可用性、分区容忍度）
优点	保持数据一致性，复杂事务处理，易于维护使用	支持分布式部署，适用高并发、大数据分析

随着行业数据迅速膨胀，关系型数据库因单机（单库）性能瓶颈和扩展困难，无法满足日益增长的海量数据存储及其性能要求。NoSQL 采用非关系型模型，数据库简单，易于实现记录级的缓存，在架构层面具有可扩展能力；另一方面，NoSQL 无须为存储的数据建立字段，可以随时存储自定义的数据格式，从而实现多样灵活的数据存储。综上，NoSQL 可实现简单、大规模分布式扩展，并且读写性能高，满足云计算时代的海量数据高性能存储的要求。常见的非关系型数据库有键值数据库、列存储数据库、文档数据库、图数据库、时序数据库、搜索引擎数据库等。

（1）键值数据库。分为临时性键值存储（Memcached，Redis）和永久性键值存储（ROMA，Redis）两类。应用场景：内容缓存，主要用于处理大量数据的高访问负载，也用于日志系统等。数据模型：Key 指向 Value 的键值对，通常用 Hash Table 来实现。优点是查找速度快，但因数据无结构化，通常只被作为字符串或者是二进制数据。

（2）列存储数据库。典型类型包括 Cassandra 和 HBase，主要应对分布式存储的海量数据查询问题。应用场景：分布式的文件系统。数据模型：以列簇式存储，将一列数据存储在一起。优点是查找速度快，易于分布式扩展，可扩展性强。

（3）文档数据库。半结构化数据（包括 XML、YAML、JSON、BSON、office 等）存储为文档。典型数据库有 MongoDB、CouchDB。MongoDB 是一类基于分布式文件存储的数据库。优点是对数据结构要求不严格，表结构可变，不需要像关系型数据库一样需要预先定义表结构。缺点是查询性能不高，而且缺乏统一的查询语法。

（4）图数据库。存储图形关系，典型数据库有 Neo4J、InfoGrid。数据模型：采用图模型，模型由节点和边两个要素组成，其中节点代表实体（人、地点、事物等），边代表两个节点之间的连接，适用由关系定义的任何事物、场景建模，如社交网络、推荐引擎。优点是利用图结构相关算法，实现最短路径寻址、N 度关系查找等。图结构不宜做分布式集群，并且关系信息需要在图形完整后才能获得。

（5）时序数据库。典型数据库如 InfluxData，特点是按照时间顺序收集、存储和处理数据。相比于传统数据库仅仅记录了数据的当前值，时序数据库则记录了所有的历史数据。应用场景包括物联网和事件跟踪。

（6）搜索引擎数据库。典型数据库如 ElasicSearch 和 Solar。通常用于搜索保存在其他存储和服务中的数据，对大量的数据建立索引，提供近实时的索引查询，此外还具备通过词干和泛化将单词缩减为词根的功能。应用场景包括网页查询和索引查询。

6.7 动态接口编辑

大型数据平台的数据资源虽然以多态存储为普遍特征，如数据仓库、数据湖和非结构存储，并向外实时或准实时提供数据共享、数据挖掘、商业智能、决策支撑等丰富的数据应用服务，但在业务层面还是以结构化数据操作为基础，频繁对底层数据跨库、跨表、跨层进行 CRUD 操作，具有显著的多线程、高并发应用特征，因此，基于动态 SQL 接口生成的编辑技术成为通用型应用。

传统 Hibernate 是基于 Java 平台、功能强大的对象关系映射（Object Relational Map，ORM）开源框架工具，因其存在运行效率低、内存占用严重等问题，不适用批量数据的 CRUD 操作，虽然在后续发展中引入一二级缓存、lazy-load、查询缓存等优化技术，但因其对数据持久层封装过于自动化，无法对 SQL 进行优化，不适用于大数据项目建设。

MyBatis 起源于 Apache 的开源项目 iBatis，2010 年从 Apache Software Foundation 迁移到 Google code，2013 年 11 月迁移到 Github。相比 Hibernate，MyBatis 是半自动持久化框架，集合了多种操作型关系数据的概念和方法，其特点是借助 XML 对 SQL 进行封装，利用框架读取 XML 配置文件自动完成"关系-对象"转化。

MyBatis 技术框架由引导层、基础支撑层、接口层和数据处理层组成。如图 6.3 所示。引导层是配置和启动 MyBatis 信息层，支持 XML 配置和 API 注解两种方式。基础支撑层由事务管理机制、连接池管理机制和缓存机制组成。作为对象关系映射框架，事务管理机制的质量是其性能考量的一个重要因素。由于创建一个数据库连接所占用的资源比较大，对于数据吞吐量大和访问量非常大的应用而言，连接池的设计就显得尤为重要。为进一步提高数据利用率，减小服务器和数据库的压力，对于高频查询 MyBatis 提供会话级别的数据缓存，即

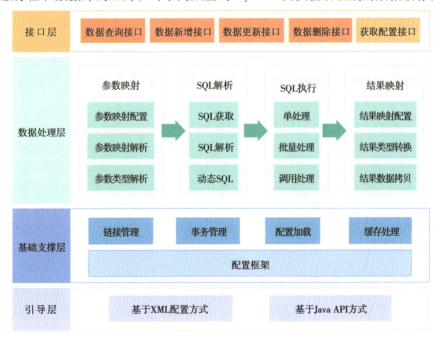

图 6.3　MyBatis 框架

将某一次查询置于 SQLSession 中，在允许的时间间隔内，对于完全相同的查询，会直接将缓存结果返回给用户。

数据接口层提供了两种数据库访问方式，一种是传统的 API，另一种是面向接口编程的 Mapper 接口。采用 Mapper 接口采用可注解配置 SQL 语句，从而摆脱 XML 文件配置，实现真正的"0 配置"。传统的 API 包括查询实例、查询列表、更新数据、插入数据和删除数据等。使用 Mapper 接口调用必须具备以下条件：Mapper 接口方法名和 Mapper.xml 中定义的每个 SQL 的 id 同名；Mapper 接口方法的输入参数类型和 Mapper.xml 中定义的 SQL parameter Type 类型相同；Mapper 接口的输出参数类型和 Mapper.xml 中定义的 SQL result Type 类型相同；Mapper.xml 文件中的 namespace 即 Mapper 接口的类路径。

数据处理层是 MyBatis 的核心，在该层实现数据库记录和 Java 实体映射，从而完成对数据库的 CRUD 操作。主要任务是通过传入参数构建动态 SQL 语句、执行 SQL 语句以及封装查询结果集 List。参数映射主要指在 SQL 查询和结果返回过程中用于 Java 数据类型和 JDBC 数据类型之间的转换，其中在查询阶段须将 Java 类型的数据转换成 JDBC 类型的数据，在结果返回阶段，将查询结果集（Resultset）的 JDBC 数据类型转换成 Java 数据类型。SQL 解析：执行 SQL 语句配置、解析和动态 SQL 语句生成。通过传入的参数值，使用 Ognl 动态构造 SQL。动态 SQL 包括以下几种元素：①if 判断语句，单条件分支判断；②choose（when、otherwise），相当于 Java 中的 casewhen 语句，多条件分支判断；③trim（where、set）辅助元素，用于处理 SQL 拼装；④循环语句 foreach，在 in 语句等列举条件常用。SQL 语句执行和结果封装：动态 SQL 语句生成后，MyBatis 执行 SQL 语句，并将查询结果集转换成 List 列表，支持结果集关系一对多和多对一的转换。MyBatis 封装了 JDBC 的细节，故操作时只需要关注 SQL 语句本身即可。

除在 XML 里按需拼装 SQL，灵活实现平台复杂应用的动态查询开发外，MyBatis 还具有如下优点：一是因为动态 SQL 在 XML 里配置生成，便于统一管理和优化；二是 SQL 拼装不会对应用程序或者数据库的现有设计造成任何影响，解除 SQL 与程序代码的耦合，提高了可维护性；三是通过提供 DAO 层，将业务逻辑和数据访问逻辑分离，使系统设计更清晰、更易维护、更易测试；四是提供映射标签，支持对象与数据库的 ORM 字段关系映射，支持对象关系组建维护。

MyBatis 作为当前一款支持普通 SQL 查询、存储过程和高级映射的优秀持久层框架，具有高度灵活、可配置、可优化 SQL 等特性，支持缓存、级联等操作，更适用于大数据量和大批量请求的业务场景，因而在大数据、高并发移动互联网项目中较为常用。

6.8　隐私计算

　　本节的隐私权非个人隐私数据的隐私权，而是科学数据的隐私权，即大数据交易的所有权。数据权利中存在数据的所有权、使用权和处理权的三权分立，数据资产只可以转让使用权，而所有权是用户的。隐私计算是在不暴露原始数据的情况下计算数据，且计算结果可被验证。通过隐私计算实现了数据使用权的交易，从而实现了数据价值。不交易数据本身，只交易数据的计算结果。因此，隐私计算在数据使用权合理有序转让的同时，使数据跨主体使用更加放大其价值。除了身份数据、行为数据外，生产力价值数据是最具隐私计算的价值。

6.8.1　技术范式

　　隐私计算技术范式包括多方安全计算、同态加密、零知识证明、可信执行环境。

　　（1）多方安全计算：一套基于现代密码学的协议组，组件包括零知识证明（ZKP）、概率加密、消息认证码（MAC），各种分布式沟通协议和不经意的转移（OT）以及最重要的基础技术——秘密共享和秘密分片计算。

　　（2）同态加密。一种加密形式，允许对密文进行计算，生成加密结果，加密后的结果与操作结果相匹配，类似于明文执行。同态加密允许在保持加密的同时计算加密数据，故其可以在不危及数据隐私的情况下外包存储或计算，并已被广泛用于安全计算。

　　（3）零知识证明。一方 A（证明者）向另一方 B（验证者）证明其知道值 x，而不传达任何信息。区块链项目在尝试利用零知识证明作为可信的离线计算解决方案，但却无法证明在远程环境中实际完成的工作量，也无法保证计算是从恶意方获得。

　　（4）可信执行环境。是一种运行在分离核心之上的防篡改处理环境。理想的可信执行环境保证了执行代码的真实性、运行时状态、寄存器、内存和敏感 IO 的完整性，以及存储在持久内存中的代码、数据和运行时状态的机密性。优点是能够提供远程证明，证明其对第三方的可信赖性。使用可信执行环境，可以信任硬件，但不能信任控制硬件的人。所以可信执行环境需要与许可网络相结合，其中所有节点都经过预先批准，环境经过认证和信任。

6.8.2 多方安全计算

多方安全计算（Secure Multi-party Computation，MPC）产生的背景是将数据作为关键生产要素，将数据所有权和使用权严格分离，有效实现数据用途和用量自主可控的数据计算应用。MPC在国内电子评审和选举场景得到了落地和应用。2020年11月，中国银行发布了《多方安全计算金融应用规范》（JR/T 0196—2020），是国内首个行业多方安全计算规范，标志着MPC作为一项成熟技术进入大数据计算领域。

多方安全计算是一种基于多方数据协同完成计算目标，实现除计算结果及其可推导出的信息之外不泄漏各方隐私数据的密码技术。该技术主要通过秘密分享体制在多方进行密钥的计算生成和动态分配，共同完成隐私数据的加、解密。秘密共享又称（k，n）门限秘密共享。原意是对于一份秘密信息S，在n个参与方中进行分配，每个参与方所保管的部分称之为S的一个影子秘密。若掌握了其中任意k个影子秘密，必定可以计算还原S，若只是掌握了任意不足k个影子秘密，则无法获取S的任何内容。k为恢复S的最小所需影子秘密个数。

多方安全计算常采用的加密技术包括同态加密、混尚电路、不经意传输等。其中同态加密法主要是保证隐私数据的可计算性。密钥由公钥和私钥组成，成对出现。根据加密方法首先向各参与方分配私钥，各参与方基于一定的算法再共同生成公钥，由公钥对隐私数据进行加密。各参与方最后再基于密钥的解密计算获取明文的隐私数据。

多方安全计算框架的构建需要满足数据隐私性、数据合法性、计算结果正确性、计算性能可接受性等要求。根据《多方安全计算金融应用规范》（JR/T 0196—2020），将其细化为基础要求、安全要求和性能要求三部分。其中，基础要求包括数据输入、算法输入、协同计算、结果输出及调度管理等要求，分别主要针对数据提供方、算法提供方、计算方、结果使用方、调度方；安全要求包括协议安全、隐私数据安全、认证授权、密码安全、通信安全、存证与日志等要求；性能要求对MPC应用提出了计算延时、吞吐量、计算精度等性能指标要求。

多方安全计算框架应满足以下要求：①各参与方的隐私数据不应被其他参与方获取或推知，结果使用方可从计算结果推导出的信息除外；②计算过程中不应出现其他参与方的隐私数据原文；③各参与方应按照计算任务约定的角色参与MPC计算；④计算任务所使用的隐私数据应事先得到相应数据提供方的授权，计算结果应满足正确性要求，并只被结果使用方获取；⑤计算性能应满足具体应用需求。

MPC 系统为 6 个参与方角色提供操作接口，分别是任务发起方、任务调度方、数据提供方、算法提供方、计算提供方、结果使用方等。相应地，核心技术组件包括任务调度管理、数据服务、计算引擎、CA 系统组成。需要说明的是，由于 CA 为各参与方进行注册和颁发证书，属于 MPC 的外围系统。在 MPC 架构中，数据输入/输出采用秘密分享、混淆电路、同态加密等技术对数据提供方的隐私数据进行处理，使数据转化为输入因子/计算结果的过程。

多方安全计算任务的流程任务发起方向调度方提出数据计算请求，调度方率先确认其身份和计算需求，再分别向算法提供方、数据提供方、算力提供方提交资源申请、统一调度和协调，完成该数据计算任务，并交由结果方使用。需要说明的是，在多方计算中输入输出的是计算因子，而非原始数据。计算因子定义为基于多方安全计算输入数据产生的数据，主要包括输入因子、输出因子和中间因子。其中输入因子是指数据提供方执行数据输入过程后可供计算方执行后续计算的数据；输出因子是指计算方执行计算后，返回给结果使用方用以恢复最终计算结果的数据；中间因子指计算方中间计算过程产生的数据。在 MPC 系统中，计算引擎由多个计算节点组成，每个计算节点分别部署在不同的计算方上，协同完成 MPC 计算协议。

多方安全计算框架如图 6.4 所示。

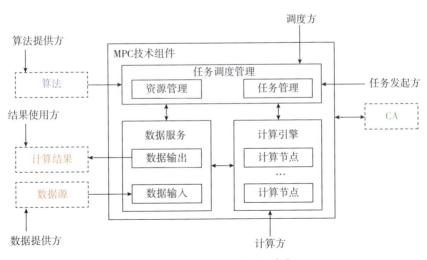

图 6.4　多方安全计算框架[43]

6.8.3　隐私计算平台

　　国内已经有云厂商推出企业级的多方安全计算平台，如阿里巴巴的蚂蚁摩斯安全计算平台、华控清交的 PrivPy 多方安全计算平台。上述企业平台均关注多方安全计算数据合作过程中的数据安全和隐私保护问题，采用计算移动到数据端，达成数据可用不可见，实现数据安全。蚂蚁摩斯平台架构引入区块链技术，通过中心分布式架构，建立符合多方安全要求的一站式数据合作服务。数据各合作方通过本地安装的计算节点完成安全计算，保证原始数据不出域，仅输出结果，可将查询使用记录存证在区域链上，防止数据造假，保障数据质量，多应用于风控、大数据建模等场景。该安全计算平台由安全计算能力层、安全计算产品层、安全应用场景层组成。其中，安全计算能力层由安全引擎、算法组件、可信执行环境、区块链组件来组成。算法组件包括多方安全计算、隐私信息查询、零知识证明、同态加密、隐私集合求交；安全引擎由机器学习引擎、SQL 引擎、规则引擎等组成。在安全计算产品层，主要提供安全模型、安全统计、安全服务。在安全应用层，包括合规数据服务、风控安全应用、模型开发等。安全计算应用层是通过安全计算节点连接合规优质数据源，进行安全模型训练，测试验证数据效果，同时通过平台进行模型结果和变量监控，持续优化模型。PrivPy 平台提供了通用计算类型、高性能、集群化和可扩展的解决方案，其特点是支持标准的 Python 语言和 SQL 操作，兼容 NumPy 和 Pytorch 等函数库，能够支持包括绝大多数机器学习算法在内的计算类型和系统实现，有效降低数据使用方密文计算的学习曲线，拓展了多方安全计算产品商业易用性。

6.9　绩效评估

6.9.1　绩效评估目标

　　大数据平台是采用大数据技术，集成行业、全域、海量数据，通过数据治理，建立标准化服务，通过实时分析、预测预警、决策支撑等分析能力，发挥数据资产属性，实现数据驱动业务，促进行业数字化转型。因此，大数据平台的绩效评估应聚焦于数据资产价值的最大化。覆盖数据资产的生命周期，从数据资产的管理机制、流通机制、应用机制、效应机制入手，建立多维度、有别于传统机制的立体评估体系。数据不是资产，数据转化为资产必须通过业务化的、完善的治理流程，数据的资产属性首要是行业属性，其产生、应用需面向行业，并对行业的发展、演进发挥重大的推动作用。

6.9.2　管理机制

建立数据资产管理机制，明确数据资产定义，建立一套数据资产生产流程、资产清单、资产交易、资产安全的管理制度。通过数据资产管理机制，规范原始数据采集、数据集成、数据治理、数据存储、数据交互、数据交易等各环节的管理内容、技术要点和评估指标。管理机制是绩效评估的基础。大数据平台是以数据集成、数据应用为主，是一个包括从数据采集一直到应用服务的多层级、多目标、长周期的信息化项目建设活动。一般是根据大数据平台的总体规划，分析应用业务场景和不同需求，制定优先级开发规划。为了使平台建设规范、有序推进，必须从平台建设伊始就着手建立数据资产管理机制。通过规范数据资源的采集、治理、封装；规范数据资产清单编写、资产权限和交易；规范数据产品的类型、模式、环境等，就可以得到大数据平台的建设方案甚至一些技术细节需求。只有面对数据资产的应用和管理的需求，大数据平台才能真正实现数据驱动业务、重塑业务流程的战略目标。

6.9.3　流通机制

发挥数据资产价值，协同推动业务发展，离不开良性的数据流通机制。流通机制的重点是数据资产的定价、交易制度、交易存证、计费制度等配套制度和技术解决方案。与科研数据产权单一性不同，行业数据作为有价值的资产，其产权人不唯一，是被多方共有、管理的。以监管数据为例，企业按照管理部门要求上报监管数据，首先数据是监管机构要求的、第三方运维/设备厂商采集、企业实际生产产生的。监管数据的资产价值高，一是管理部门可以通过对监管数据的分析调整监管政策，二是运维部门通过监管数据分析完善仪器性能，三是企业通过监管数据接受管理、优化产品和生产工艺。另外，数据具有深加工属性，并且多数为智力密集型的模型产品。数据的加工不只是同一级别的数据质量提高，也不是单纯数据集输出和商业智能输出，更多是通过二次深度分析、多方数据整合和挖掘，开发出新型的业务模型及衍生产品。在数据深加工过程中，如何评定、计量数据产品的价值，制定清晰的交易制度，并且可为多方接受，是当今面对的一个巨大挑战。目前各省已有一些大数据交易平台上线服务，构建了完善的流通机制。

6.9.4　应用机制

　　大数据平台是一个长周期、持续性建设项目，应构建衔接、安全、友好、自助、交互、流畅的应用机制。大数据平台的建设是分周期进行的，持续性强，前后周期建设重点和目标不一样，因此，必须建立良好的衔接机制，如前一期为当期建设奠定基础、积淀知识和资源，当期是前一期建设的扩展和增强，既包括数据源的扩展，也包括数据质量、数据标准化、数据应用、统一服务等方面的增强。尽量完善主体框架，防止系统重构频繁发生。大数据平台的建设、应用是多方共建共用，即使是企业自建的大数据平台，除为本企业提供服务的同时，也会作为重要资产与外部进行合作，进行核心数据的二次开发和利用。因此，提供安全解决方案，如沙箱计算环境、多方计算、隐私计算、区块链存证就成为平台的必备环境。友好是指大数据平台的资源、产品、功能的编排，以及数据权限、交易、计量易于发现、易于理解，通常反馈机制是友好的一项标准，自助和交互是另外两项重要标准。自助是至少包括商业智能一种应用，用户可以通过平台提供的交互工具实现智能应用，而不必局限于平台提供的固定数据产品和服务。如用户可以在权限范围内自助完成跨部门、跨域的数据集提取或自建主数据服务，通过拖拽式交互操作进行个性化报表（报告）的生成。大数据平台通常会提供 GIS 地图服务，基于 GIS 的随机交互已经成为一大应用热点，GIS 数据集成的一张图因其可实现高时空分辨率的业务展示、分析和判断，已经成为交互和友好的一项标准。随着大平台建设的不断发展，各类数据应用和计算服务日益增多，保持功能和服务的流畅性就显得尤为重要。流畅是对平台整体响应时间的定量评价。流畅实现一是需要业务建模支持，保持业务线的完整和闭环，便于不同层级人员快速切入数据产品，不会造成应用堵塞，避免应用高峰对系统的影响；二是服务的响应时间保持在人类可忍耐的限度内（4 秒）。以地图服务为例，地图服务的实时计算因后台资源不同响应时间不同，可以采用离线计算或增大计算资源等方式加快响应速度。

6.9.5　效应机制

　　大数据平台建设和服务的效应机制可从效率和效能两方面进行评价。效应机制主要是评估数据产品对业务和数字化转型的驱动效果，也是大数据项目投资的绩效评估核心。借鉴美国企业架构绩效参考模型，建立核心业务—基础业务—通用业务的三级业务线，细分并规范工作单元；在此基础上，分别建立三级业务线与效能、效率的评估矩阵。效率和效能是对某一业务线的数据集成、数据分析、结果判定、制定对策、实施计划、对策评估的全过程或部分过程的时间和效果的评价，既是定量的也是定性的。效率原意是单位时间完成的工作量，此处指完成工作单元需要的时长。效率的评价既可以对整个业务进行，也可以对任一业务节点或关联业务线（业务单元）的组合进行，通常使用"单位用时""响应时间"来开展评价。效能是从对数据产品对业务驱动从而实现的企业发展或战略的目标实际程度来进行评价。对于大数据平台而言，能对某一行业、领域的发展态势、产业链上下游变化进行长周期追踪，最大的效能是体现在战略层面，包括对发展政策、发展规划、发展目标的发现、制定和调整，以及危机应对。在业务单元层面，可利用数据平台及时跟进变化，进行实时分析，做出调整对策，统计变革回报等，相应效能的评价要落实到技术、产品、服务、用户、流程、质量、监管等领域，逐一分解和细化，以制定系统化、可操作性强的评价体系。

第7章 共享展望

7.1 新共享领域

2020年4月，国家发展和改革委员会首次对新型基础建设的具体含义进行了阐述，在信息基础设施部分，提出构建以数据中心、智能计算中心为代表的算力基础设施。新的信息与通信技术（Information and Communication Technology，ICT）格局将向着泛在联接与泛在计算紧密结合的方向演进。在"面向2030的新型网络"主题论坛中，指出未来网络展望的关键词是算力网络、确定性网络、内生安全，分别代表了产业对"未来网络的新愿景、需要解决的新问题、面临的新挑战"。

7.2 大数据算力共享

7.2.1 背景

随着云计算、网络技术和AI芯片的发展，传统"带宽+机房"的数据中心服务发生转型，快速向"联接+计算"云计算中心过渡。云计算是一种通过网络接入虚拟资源池，从而实现计算资源按需访问的模型，用户可以根据自己的需求对网络、服务器、存储、应用和服务等计算资源进行配置，实现较少管理成本和服务供应商干预的快速获取和发布。云计算的主要特点是按需选择应用服务和共享化的资源池，具有较强的灵活性和扩展性，可实现多商业化场景的应用需求，为企业信息技术发展和数字化转型应用提供了资源基础和快速通道。我国云计算产业发展迅速，2019年总规模达到1335亿元，预计2023年总规模将达到3754亿元。伴随着5G、物联网的发展，数据快速膨胀且日益集中，2020年我国数据量已达到8000多EB，占到全球数据总量的18%[44]。数据中心逐步向大型化、自动化、虚拟化、多租户等方向发展，受传统电信系统网络架

构限制，其网络性能和灵活性等诸多方面遭遇挑战。下一代网络技术 SDN/
NFV，使网络基础设施从以硬件为中心向以软件为中心转变，实现基于云架构
的开放网络。软件定义网络（Soft Ware Defined Network，SDN）的核心思想是
数控分离，即分离控制平面与数据平面，采用集中式控制器来完成对网络的可
编程任务。通过控制器的南北向接口协议分别与下层设备和上层应用实现交互，
通过东西向接口协议支持多控制器间的协同，满足大规模部署、灵活管理、简
化运维等应用需求。SDN 可提升云数据中心之间的链路利用率，最高可达 90%
以上（Google 的 Andromeda 虚拟化平台）。网络功能虚拟化（Network Function
Virtualization，NFV）技术则是通过软硬件解耦合功能抽象，实现网络功能虚拟
化，满足新业务的快速开发和部署，按需进行自动部署、弹性伸缩、故障隔离
和自愈等，关注的重点是优化网络服务本身。SDN、NFV 互不依赖、自成体系，
又可互为补充、互相融合。规模引入 SDN/NFV 可满足数据中心在云计算环境下
实现快速响应、动态感知、灵活调度、按需共享虚拟网络资源，增强网络差异
化服务提供能力，以及云、管、端协同组网能力。

通用 CPU 在深度学习中效率低下，AI 芯片因其可实现海量并行计算且能够
对计算加速，故对 AI 行业发展举足轻重。当前 AI 芯片包括基于传统架构的图
形处理器（Graphics Processing Unit，GPU）、现场可编程门阵列（Field – Pro-
grammable Gate Array，FPGA）以及专用芯片（Application Specific Integrated Cir-
cuit，ASIC）等。FPGA 又称万能芯片，适用于多指令、单数据流的分析。FP-
GA 用硬件实现软件算法，灵活性强，经常用作 ASIC 芯片的小批量替代品。近
年来，FPGA 在微软和百度等商用企业级数据中心大规模部署，以提供强大的
计算力和足够的灵活性。伴随云数据中心和下一代网络技术架构的发展，围绕
AI 和行业数字化需求，面向 PB、ZB 级的大数据分析应用将成为互联网数据中
心（Internet Data Center，IDC）的下一个核心任务，针对日益增长的算力需求，
打造智能社会需要的算力共享网络将成为大势所趋。

7.2.2 算力网络

在信息化和数字化时代，算力已成为一种基础能源，类似于石油和煤，算
力的基础和规模，以及它的使用效率，在一定程度上影响企业运营的好坏。算
力是企业所有可调用计算资源的总和，涵盖软硬件、本地及远程资源。对于本
地算力而言，硬件由 CPU 性能和规模决定；软件由其功能范围、计算速度、效
率等决定；远程资源与软件类似，但应适度考虑计算规模因素。算力的提升与
应用能力的提升互为促进，算力也是推动产业 AI 发展的原动力。以 224×224 的

图像处理为例，AlexNet 需要 1.4 GOPS，ResNet-152 需要 22.6 GOPS，EIE 在稀疏网络上可达 102 GOPS/s，相当于同等级非稀疏网络的 1T GOPS/s。根据罗兰贝格的预测，各行各业对于算力的需求将出现高速增长，从 2018 年到 2030 年，自动驾驶对算力的需求将增加 390 倍，智慧工厂需求将增加 110 倍，主要国家人均算力需求将从今天不足 500 GFLOPS 增至 2035 年的 10000 GFLOPS[45]。

随着新型网络技术和 AI 芯片的发展，算力成本也在持续降低。以 MYM/GFLOPS 衡量计算成本（1GFLOPS = 109FLOPS，FLOPS = Floating Point Operations Per Second，每秒十亿次浮点运算价格），根据 Wikipedia 的数据，MYM/GFLOPS 的复合年增长率（CGAR）约 -37%，2017 年 6 月 AMD Ryzen 结合 AMD VEGA Frontier Edition，将 MYM/GFLOPS 降至 0.06 美元。算力投资也成为云计算中心投资重点。根据测算，2020 年全球算力投资总规模达 62.32 亿美元，年复合增长率高达 44%。

我国率先提出了算力网络的概念，其特征将计算单元和计算能力嵌入网络，实现云、网、边、端、业的高效协同，提高计算资源利用率[46]。在算力网络中，用户无须关心网络中的计算资源的位置和部署状态，只须关注自身获得的服务即可，并通过网络和计算协同调度保证用户的一致体验。算力网络自 2019 年提出后，在联接和计算的分级服务等级协议（Service Level Agreement，SLA）、泛在计算架构、算力网络技术架构等方面已取得显著进展。

考虑到未来万物互联、泛在智能服务的需要，算力网络具有极大的发展空间：①支撑海量数据的接入，未来 10 年需要从千兆到百 G 超宽带，云节点通过中心+边缘分布式支持呈百倍容量的增长，边缘计算将分担数据中心和终端的算力增长不足。②联接云、边、端网络化算力基础设施，构建专业化、弹性的算力资源池，支撑百倍增长的高效数据处理能力。③支持算网协同，能够感知业务算力需求，为数据到算力提供最优路由和可信服务，并通过 IPV6 协议扩展，实现一个物理网络与多个虚拟网络统一管理，向上感知智能业务，向下感知网络资源，实现算力效率的进一步提升，并能够在网络资源不足的情况下，为业务提供差异化 SLA 服务。

7.2.3　算力共享架构

算力网络在工程应用中首先面临的是算力的感知与度量，进而才能实现对算力的编排并合理快速匹配业务需求。目前如何感知算力，通过有效建模形成统一度量的算力资源，并能够合理编排来满足业务需求，是算力网络及应用研究的重点和难点。

可信共享的算力网络体系架构是建立在计算能力不断泛化发展的基础上，通过自动化、智能化调度手段，将计算资源（算力、存储、网络）在云-边-端之间进行自适配，在多方算力贡献者和消费者共同参与下，实现算力从产生、调度、交易到消费的闭环。基于云原生的算力建模与服务编排示例如图 7.1 所示。

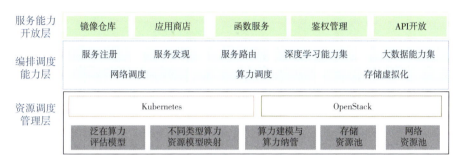

图 7.1　基于云原生的算力建模与服务编排示例[46]

算力网络是联接与计算深度融合的产物，通过成熟可靠、超大规模的网络控制面（分布式路由协议、集中式控制器等）实现计算、存储、传送资源的分发、关联、交易与调配。相应将网络架构划分为应用资源寻址、算法资源寻址和基础资源寻址三层，实现多维度资源的关联、寻址、调度等。

算力计算和联接分级量化是算力网络落地的基础，并已有相关技术解决方案。在算力联接需求方面，中国信息通信研究院发布的《5G 切片端到端切片 SLA 行业需求研究报告》采用分级服务等级协议（SLA），将联接需求映射到带宽、时延等几个等级（表 7.1）；计算需求可以参考中国通信标准化协会互联网与应用技术工作委员会（CCSA TC1）发布的《面向业务体验的算力需求量化与建模研究报告》，其将算力需求映射到算力、存储等几个等级（表 7.2）。此外，面向社会提供泛在算力服务还需实现 AI 设计自动化，减少服务过程中需要高级专家参与的问题，这需要解决两个技术挑战：①从数据到算法的 AI 应用算法的自动化设计工具；②从 AI 应用到联接+计算资源的"AI 应用环境自动规划工具"[45]。

7.3　大数据算法共享

7.3.1　算法定义和分类

算法是一些将输入变成输出的计算步骤的序列。从广义上来说，机器学习是

表 7.1 联接力服务量化分级要求

业务可用（单应用）										安全可信		自主可控		
带宽/mbps					时延（ms）					逻辑隔离：共享 物理隔离：独占		可视：可查看业务状态、用户信息 可管：可改业务、生命周期管理 可运营：通过API，实现业务自运营能力		
B1	B2	B3	B4	B5	T1	T2	T3	T4	T5	Ss1	Ss2	Mn1	Mn2	Mn3
1~10	10~20	20~50	50~100	>100	50~100	20~50	10~20	5~10	<5	逻辑隔离	物理隔离	可视	可管	可运营

表 7.2 计算力服务量化分级要求

业务可用（单应用）							安全可信		自主可控		
计算（TFLOPS）				存储（GB）			逻辑隔离：共享 物理隔离：独占		可视：可查看业务状态、用户信息 可管：可改业务、生命周期管理 可运营：通过API，实现业务自运营能力		
Cp1	Cp2	Cp3	Cp4	St1	St2	St3	Ss1	Ss2	Mn1	Mn2	Mn3
<1	1~10	10~1k	>1k	<100	100~1k	>1k	逻辑隔离	物理隔离	可视	可管	可运营

一种能够赋予机器学习的能力，以此让它完成直接编程无法完成的功能的方法。机器学习与其他领域的处理技术结合，形成了计算机视觉、语音识别、自然语言处理等交叉学科。机器学习算法是从数据中学习并从中改进的算法，无须人工干预。通常将机器学习算法分为三大类：监督学习、无监督学习和强化学习。三者的区别在于输入数据集是否具有标识（签）属性。监督学习使用训练数据和数据反馈来学习给定输入与给定输出间的关系，其特点是输入数据有标识和特征，寻找特征变量与输出的关系，并用于新数据预测。依据输出（预测）数据的性质，监督学习分为回归（连续型数据）和分类（类型数据）两类。常见算法有线性回归算法、BP 神经网络算法、决策树、支持向量机、KNN 等。无监督学习输入的是无标识数据集，通过学习推断出数据内在结构与规律，常见的应用场景包括关联规则的学习以及聚类等，算法包括密度估计、异常检测、层次聚类、EM 算法、K-Means 算法（K 均值算法）、DBSCAN 算法等。半监督学习方式下，输入数据部分被标识，部分未被标识，这种学习模型可以用来进行预测，但是模型首先需要学习数据的内在结构以便合理地组织数据进行预测。应用场景包括分类和回归，常见算法包括一些对常用监督式学习算法的延伸，这些算法首先试图对未标识数据进行建模，在此基础上再对标识的数据进行预测，如图论推理算法（Graph Inference）或者拉普拉斯支持向量机（Laplacian SVM）等。强化学习位于两者之间，每次预测都有一定形式的反馈，但是没有精确的标签或者错误信息。在这种学习模式下，输入数据作为对模型的反馈，而非监督学习模型中仅作为一个检查模型对错的方式。在强化学习下，输入数据直接反馈到模型，模型必须对此立刻做出调整。常见的应用场景包括动态系统及机器人控制等。常见算法包括 Q-Learning 和时间差学习。

人工神经网络（Artificial Neural Network，ANN）是机器学习的一个庞大的分支，拥有几百种不同的算法，通常用于解决分类和回归问题。重要的人工神经网络算法包括感知器神经网络（Perceptron Neural Network）、反向传递（Back Propagation）、Hopfield 网络、自组织映射（Self-Organizing Map，SOM）。人工神经网络的逻辑架构由输入层、隐藏层和输出层组成。其中，输入层负责接收信号，隐藏层负责对数据进行分解与处理，最后的结果被整合到输出层。各层都由若干个计算单元（神经元）组成，再由若干个层组成神经网络。神经元之间都是由自低层出发，终止于高层神经元的一条有向边进行连接，每条边都有自己的权重。在神经网络中，神经元只有激活或未激活两种状态。在实际的人工神经网络应用中，一般是用概率的方式去表示神经元是否处于激活状态。在神经网络中，每个处理单元事实上都是一个逻辑回归模型，逻辑回归模型接收上层的输入，再将模型的预测结果作为输出传输到下一层，借此完成非常复杂的非线性分类。

7.3.2　算法开发的痛点

以机器学习为主的大数据算法开发和模型训练十分关键并极具挑战性。深度学习是机器学习中的一种，是基于对数据进行表征学习并完成内在规律建模的算法，因其采用非监督式或半监督式的特征学习和分层特征提取等高效算法替代手工特征获取，已经成为大数据算法的主流。其主要过程包括：①选择模型的网络架构，包括模型有多少层，每层有多少个神经元，以及层间的交互方式等；②定义模型算法公式，采用神经网络前向算法，进行模型参数训练；③超参数调整，超参数为模型框架参数，如网络参数、优化策略等，重点是定义模型损失函数，选择优化器，对数据进行迭代训练，直至损失函数达到最小；④在测试集或者验证集上对模型准确率进行评估。在算法开发过程中还将面对训练时间长、过拟合、线性模型局限等问题[47]。

大数据分析。在算法中处理的大数据除了数据量大以外，还具有多维特征，通常采用向量、矩阵或多维数组来存储和计算。常见数据集包括：向量数据，2D 张量，形状为（samples，features）；时间序列数据或序列数据，3D 张量，形状为（samples，timesteps，features）；图像数据，4D 张量，形状为（samples，height，width，channels）或（samples，channels，height，width）；视频，5D 张量，形状为（samples，frames，height，width，channels）或（samples，frames，channels，height，width）。算法开发首先是探索和清洗数据，通过数据分析、算法设计、数据验证、人工/自动评测、策略迭代，重复步骤 1~4，直到模型最优。由此可见，探索数据集是设计算法中最为重要的一步。首先要分析输入数据是否有标识，数据标识是否一一准确对应，数据是否独立分布。需要说明的是，数据标识全是人工行为，极其耗费资源，特别是对于专业性很强的数据而言，如环境类数据，数据标识的建立和验证是一项业务性很强、规范性很强的工作。其次要明确数据集样本类别和各类别样本数量是否平衡。次之是否存在跨域问题（易产生噪声）、训练集、验证集和测试集分配及是否满足分析要求。在算法的研发中，训练集、验证集和测试集分别用于算法模型权重参数训练、超参数调节和泛化能力的检验。在算法模型调优上，需要对模型在验证集上的性能进行进一步的分析，通过比较算法模型在训练集和验证集上的结果及可视化，分析存在较大偏差的原因及评估结果的正确性。以图像分类为例，若类别间样本数量不平衡，需要重点关注少样本类别在验证集的结果是否和训练集有较大差距，对出错类别进行分析，进一步调整模型。

算法泛化能力（generalization）。好的模型不仅对训练数据集拟合效果好（用训练误差表示），也对验证集有好的拟合结果（泛化能力），所产生的测试误差被称为泛化误差。度量泛化能力的好坏，最直观的表现为过拟合（overfitting）和欠拟合（underfitting）。过拟合在机器学习中广泛存在，指的是经过一定次数的迭代后，模型准确度在训练集上越来越好，但在测试集上却越来越差。究其原因，模型学习了太多无关特征，并将这些特征认定为目标所应该具备的特征。过拟合产生的原因主要包括数据量小、网络复杂、学习率（learning rate）比较高，又没有设置任何防止过拟合的机制所致。相应的解决方法是简化模型；或利用现有深度学习手段增加数据（如翻转、平移、随机裁剪、imgaug），通过输入增强增大样本量，或利用 dropout 层和正则化，减少特征量；优化梯度弥散；以及用 relu 代替 sigmoid 激活函数，使用残差网络等。

训练时间漫长。深度学习是一个反复调整模型参数的过程。参数分为模型参数和超参数，其中模型参数是通过模型训练而得，而超参数则是需要人为调整的参数，包括网络参数、优化参数、正则化参数三类。其中，网络参数是指网络层与层之间的交互方式（相加、相乘或者串接等）、卷积核数量和卷积核尺寸、网络层数（也称深度）和激活函数等。优化参数一般是指学习率、批样本数量（batchsize）、不同优化器的参数以及部分损失函数的可调参数。正则化是权重衰减系数、dropout。模型训练中通常存在收敛速度慢、训练时间长，导致相同总训练时间内的迭代次数减少，一是影响准确率，二是无形中减少了探索不同超参数的机会。因此，如何加快收敛速度是一大难点。通常可供选择的解决方案包括：设置合理的初始化权重和偏置值、优化学习率、输入正则化和采用先进网络结构等。如何使用较少的参数量达到更高的精度，也一直是神经网络结构研究中的难点。当参数量减少时，一方面可加快模型收敛速度，减少训练时间，另一方面减小了模型体积，加快了预测时间，提高了实时性。首选是采用先进的网络结构，可以用更少的参数量达到更高精度。如 inceptionV1 参数量仅为 500 万，是 AlexNet 的 1/12，但 top-5 准确率却提高了一倍多。

线性模型的局限性。线性模型的特点是任意线性模型的组合仍然是线性模型。不论采用如何复杂的神经网络，它仍然是一个线性模型。为突破线性模型的局限性，通常在神经网络中增加一些非线性元素，如使用激活函数、增加卷积层。在神经网络每个卷积层后，加入一类激活函数，如 relu、tanh、sigmod 等，上述函数均为非线性函数。这样既可以增加模型的非线性元素，也可以降低梯度弥散问题。

7.3.3 算法共享技术架构

算法共享得益于分布式机器学习平台的不断发展、云计算的支持和内存计算的发展。共享既指企业级的内部算法共享，通常以算法的训练、质量控制和发布为主，也指社会化共享，其一是采用软件系统的开源思想，通过社区开源不断对算法进行迭代优化，其二是商用共享，算法作为资产通过内存计算和容器技术，保证算法共享的安全和管理。

7.3.3.1 分布式机器学习平台

自 2005 年 MapReduce 发布后，大数据并行计算成为大数据处理的工业标准。并行计算为分布式机器学习平台保证算法的一致性和效果提供了理论基础，分布式机器学习平台将庞大的数据和计算任务分布式地部署到多台机器上，因显著提高数据计算速度、实现模型线性扩展、加快算法收敛、减少任务耗时等优点，得以迅速发展。主要体现在：一是平台处理的并行任务从数据流向模型参数、数据流+模型参数发展，注重优化大数据计算在大规模分布式集群上花费的通信和等待时间，提供数据并行、模型并行、数据和模型并行 3 种并行计算方式；二是平台支持的计算网络从 SVM、CF、ALS 一直到 CNN、RNN、LSTM、GAN，实现从分类、回归、降维到分类、预测、推荐、图像和语音识别问题的一体化解决方案；三是平台的内部通信机制不断优化，解决了分布式部署自带的不同级别节点、同类节点之间通信息延迟的问题；四是平台的一致性问题得到了较好解决，从最初的没有考虑一致性到延迟异步并行模型（SSP）、异步并行模型（ASP）、整体同步并行模型（BSP）和异步多进程方案的采用和多种方案混用，保证了算法的一致性和收敛速度；五是平台提供算法收敛的优化方法，包括随机梯度下降（SGD）、对比散度算法（CD）、优化器等。目前应用比较广泛的分布式机器学习平台包括 Spark、MXNet、Petuum、TensorFlow 和 PyTorch 等。

7.3.3.2 云计算平台

云计算平台是基于云计算服务的机器学习平台。虽然分布式机器学习平台可以组成一个分布式计算集群进行模型训练，但需要人工管理和调度，存在资源浪费、平台运转效率低、通信开销大、网络安全环境差等问题。此外，分布式机器学习平台算法存在破碎、普适性差、互不连通、落地应用难等问题。相较于分布式机器学习平台的局限和瓶颈，云计算平台提供任务隔离、资源共享、自动调度、故障恢复以及按需计费等功能；此外，随着大数据、云计算发展和开源框架工具日益丰富，云服务还可以屏蔽硬件资源保证开箱即用、缩短业务环境部署和启动时间、提供"无限"存储和计算能力、实现多租户隔离保证数据安全、实现错误容忍和自动故障迁移、提高集群利用率和降低性能损耗。综上，通用云计算平台支持通用 GPU 等异构化硬件、主流深度学习框架接口、自定义模型开发、超参数自动调优、从模型训练到上线的工作流，以及业务化应用等。

小米云深度学习平台[48] 是一个具有多租户、任务隔离、资源共享、支持多框架和 GPU 的通用服务平台，实现经典的 MLP、CNN 或 RNN 算法，以及支持 TensorFlow 等用户自定义的模型结构等功能。该云计算平台不仅用于模型训练，还可以集成模型服务等功能实现效益最大化。

腾讯深度学习平台 Angel[49] 采用参数服务器架构，支持数据并行及模型并行的计算模式，可完成十亿级别维度的模型训练。该平台有 Master、Parameter Server 和 Worker Group 三个主要模块，其中 Master 是主控节点，负责资源申请和分配，以及任务的管理。Parameter Server 包含多个节点，可对参数进行横向扩展，克服参数汇总更新的单点瓶颈，支持 BSP、SSP、ASP 等多种计算模型，随着任务的启动而生成，随着任务的结束而销毁，负责在整个模型训练过程中的参数的更新和存储。一个 Worker Group（WG）包含多个 Worker，WG 内部实现模型并行，WG 之间实现数据并行，独立进程运行于 Yarn 的 Container 中。该云计算平台支持 20 多种不同算法，以及 SGD、ADMM 优化算法等，支持编程接口，实现自定义算法。Angel 平台采用了 SSP、异步分布式 SGD、多线程参数共享模式、网络带宽流量调度算法、计算和网络请求流水化、参数更新索引和训练数据预处理方案等新技术。

高德云计算平台以算法工程一体化开发[50] 为特点。一体化是指整个算法和工程的一体化，涉及数据、系统等全链路打通，实现数据流的系统化流动。其显著特征在于算法业务调研兼顾工程服务开发，测试、验证过程自动化、智能化，从而形成业务闭环，推动业务的快速迭代。该云计算平台将离线策略调研指代服务逻辑开发，离线调研完成即服务化完成，以显著降低算法调研到策略上线的时间。为适应业务的迭代速度，建立包含数据、数据集、测试集及验证集在内的自动化质量保障体系。所有开发者共享使用三个集合实现算法自动化的压测流程，输出 QPS、RT、一致率等相关信息。采用数据集完成稳定性测试，采用测试集完成逻辑正确性验证，通过验证集测试模型效果。此外，为响应业务快速迭代，还提供算法的 AB 验证和全量陪跑验证，通过引流和过程链对上线的算法进行质量评估。算法工程一体化的架构设计基本满足业务类算法

的诉求。但对于对计算量要求巨大的 AI 项目，还需要创新计算存储一体化的硬件架构来突破算力瓶颈（图 7.2）。

图 7.2 高德算法工程逻辑

算法服务开发平台由统一接入网关服务、业务算法透出服务、算法模型及代码管理服务、质量保障体系组成。其中，GBFC 为数据服务层，主要用于获取各种算法所需要的数据和特征，让业务算法服务达到无状态的条件，同时也便于数据在各条业务线的共享和共建。统一接入网关服务：将各种算法 API 进行隔离，提供原子服务和组合服务。算法网关对算法进行统一监控，包括服务性能、接口可用性等，同时对数据进行统一收集，便于数据管理和特征生产，进行实时在线学习，保障算法效果。通过网关服务进行共用的预处理操作，例如鉴权、路由、限流、降级、熔断、灰度、AB、陪跑等，以保障服务的可用性和扩展性；同时又能进行服务组合，例如语音识别、图像处理等，将各个算法服务有机地结合在一起，业务算法层只需要维护原子性服务即可进行复杂的业务处理。因此，网关服务需要灵活、弹性、轻量、无状态的算法业务层的支撑，Serverless 架构可以满足业务算法快速实践。算法服务在本地开发完成后，可以直接作为 Function 发布，即前文所说的离线策略调研完成的同时就是服务代码完成。引入 FaaS 不仅简化了业务开发流程，同时也让算法部署尽量原子化，方便业务间的组装和复用。

7.3.3.3　算法保护

算法保护是算法共享的重要保障。算法共享需要解决算法采集、算法加密和算法权限调用。针对算法共享流程和风险节点，百度提出了共享算法的安全装置，其可为算法上传、算法安装、算法验证、算法安全性等问题提供统一解决方案[51]，做到算法授权使用、代码不可读、不可拷贝和不可迁移。云计算平台通过开发容器异步安装上传算法并进行测试，测试完毕后对算法加壳并存储到算法库（NFS/CFS）；算法安全发布，是将加壳后的算法可读挂载至应用开发容器中，保证算法源码不可见，即使算法被下载，脱离平台环境也无法使用。算法加壳处理是对算法源码先编译再加密，以保护算法安全。如采用 python（简称 py）语言编写的算法，首先将 python 源码加密，做到代码不可读；再将所有的 py 文件编译成可执行的二进制文件 pyc，然后对 pyc 文件进行 AES（高级加密标准）对称加密，得到不可读的 pye 文件。开发者使用算法时，通过 HTTP 协议和远程授权中心进行通信，对身份和权限进行认证和校验，校验通过后得到算法解密密钥，然后在内存里对算法进行解密，整个过程黑盒实现。为保证算法的正常调用，平台规定在安装包中至少包括演示案例和说明文档。演示案例包括所有对外接口，说明文档包括描述算法功能、算法使用方法以及算法的输入和输出等内容，让开发者可基于 doc 文档运行算法。

7.4　区块链对共享赋能

7.4.1　区块链概念和原理

区块链是以比特币为代表的数字加密货币体系的核心支撑技术。区块链技术的核心优势是去中心化，通过运用数据加密、时间戳、分布式共识和经济激励等手段，在节点无须互相信任的分布式系统中实现基于去中心化信用的点对点交易、协调与协作，从而为解决中心化机构普遍存在的高成本、低效率和数据存储不安全等问题提供了解决方案。狭义的区块链即去中心化系统各节点共享的数据账本。每个分布式节点均可通过特定的哈希算法和 Merkle 树数据结构，将一段时间内接收到的交易数据和代码封装到一个带有时间戳的数据区块中，并链接到当前最长的主区块链上，形成最新的区块。该过程涉及区块、链式结构、哈希算法、Merkle 树和时间戳等技术要素[52]。

每个数据区块一般包含区块头（Header）和区块体（Body）两部分。区块头封装了当前版本号（Version）、前一区块地址（Prev-block）、当前区块的目标哈希值（Bits）、当前区块 PoW 共识过程的解随机数（Nonce）、Merkle 根（Merkle-root）以及时间戳（Timestamp）等信息，完整记录当前区块的交易数量以及经过验证的、区块创建过程中生成的所有交易记录。这些记录通过 Merkle 树的哈希过程生成唯一的 Merkle 根并记入区块头。主区块：在分布式网络中最先找到正确的解随机数 Nonce，并经过全体节点验证的节点将会获得当前区块的记账权，称之为主区块，在每个时间点下主区块唯一。链式结构：取得记账权的节点将当前区块链接到前一区块，形成最新的区块主链。各个区块依次环环相接，形成从创世区块到当前区块的一条最长主链，从而记录了区块链数据的完整历史，能够提供区块链数据的溯源和定位功能，任意数据都可以通过此链式结构顺藤摸瓜，追本溯源。

区块链系统由数据层、网络层、共识层、激励层、合约层和应用层组成。其中，数据层封装了底层数据区块以及相关的数据加密和时间戳等技术；网络层则包括分布式组网机制、数据传播机制和数据验证机制等；共识层主要封装网络节点的各类共识算法；激励层将经济因素集成到区块链技术体系中来，主要包括经济激励的发行机制和分配机制等；合约层主要封装各类脚本、算法和智能合约，是区块链可编程特性的基础；应用层则封装了区块链的各种应用场景和案例。基于时间戳的链式区块结构、分布式节点的共识机制、基于共识算力的经济激励和灵活可编程的智能合约是区块链技术最具代表性的创新点。共识机制提供了分布式网络下分布式记账的一致性，随着区块链技术的发展，共识机制也从最初的工作量证明 PoW 向非算力共识发展，如权益证明共识和授权股份证明共识，并被封装在共识层。

区块链技术的核心优势之一是在决策权高度分散的去中心化系统中令各节点高效地针对区块数据的有效性达成共识。在竞争又合作的开放环境下，区块链以密码运算为第三方、多方协作而必需的数据/资产交易授权机制和共识机制进行背书，属于创新技术范式，其已经用于各行业，并将促进数字化经济的全面发展。

7.4.2　区块链在共享中的应用

随着互联网和数字经济的不断向前发展，数据共享的内容、方式、领域越来越多样，而传统的中心式管理模式因权限管理、资源管理的垄断性、不公开性受到了多方质疑，阻碍了共享的深入发展。在大数据时代，共享已经从原始数据向衍生数据、大数据算法和网络算力等纵深方向发展；在外延上不断扩展，从最初的部门内部向企业、行业、区域横向扩张；在服务模式上，已经从企业自产自销向第三方交易、行业联合模式上发展。在信息化社会，数据作为企业资产属性已经成为社会共识，因数据管理不当而造成的数据流失、隐私泄露易导致竞争力丧失和法律困境，成为左右数据共享意愿的重要因素，致使长期性、开放性的数据共享很难实现。另一方面，数据产品的建设和开发因缺乏顶层设计和标准化管理，使统一开放共享变得困难。

区块链技术因具有去中心化、信息不可篡改、信息透明和可共同维护等特点，特别是其使用加密算法为第三方和多方合作进行背书，解决了多方共享的顾虑。事实上，区块链技术关心的并非是数据共享，而是数据控制权限的共享，权限主要是指数据修改、增加、使用的权力。相比传统信息系统，数据操作（读取、写入、增加、删除、修改、查询）需要授权；在区块链模式下，尤其是公有链体系下，任何人都可以参与对数据的读写，并且以分布式账本的方式构建了一个去信任的系统，参与读写的各个组织或个体可以互不信任，但能对系统存储数据的最终状态达成共识。

当前区块链的主流应用体现在两个方面：一是交易鉴权应用，实现分布式的交易鉴权；二是采用的加密算法为数据交易提供安全保障机制，实现数据可用不可见。

7.4.2.1　交易鉴权

传统信息系统权限管理采用中心式、超级管理员的权限设计和运行机制，仅限企业内部使用。与之相比，区域链授权采用的是链上授权机制，所有节点共同参与。权限一经设定，如果更改则需链上的全体成员共同更改。区块链不需要超级管理员，谁也不能决定整个系统的走向。数据交易用户授权存证的区块链模式：用户签署电子协议，授权给数据提供方相应权限。数据提供方首先通过应用系统本地存储凭证，将授权信息上传至授权信息链。应用系统执行链上代码，发起链上查询，并记录授权信息到区块。当数据需求方提交数据需求时，在链上发起鉴权交易，确认用户是否授权。链上验证节点返回授权信息，如确已授权，则返回相应数据。区块链模式避免了传统模式的缺陷。任何节点可以记录授权信息，且不可更改。多方可以实时共享授权记录，查询效率较高。此外，授权与业务解耦，可随时加入和退出。

7.4.2.2　数据安全屋

数据加密技术目前广泛用于区块链交易隐私保护，这也是区块链数据隐私保护的核心。数据加密技术包括数字签名机制、同态加密、零知识证明等。数

字签名分为非对称加密和数字摘要，其中前者应用更为广泛。非对称加密指加密和解密使用不同的密码，即公钥和私钥。加密数据所用的密码称为公钥，是所有人都知道的用来给信息加密的密码；解密数据所用的密码被称为私钥，只有该信息的接收者才知道并用于解密的密码。公钥加密的信息只有使用对应的私钥才可解密。通过数字签名，既保证了信息的完整性，又可防篡改交易信息（图 7.3）。

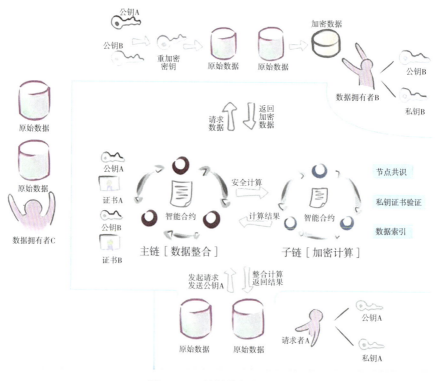

图 7.3　区域链数据安全屋

（制图人：苏然）

区块链技术及其加密算法为数据共享提供了可信黑盒执行环境，实现了数据可用不可见的安全屋[53]。在该数据生态当中有众多参与者，每个用户都需要在区块链平台注册，分配到相应的公钥与私钥，区块链平台拥有每个参与者的公钥以及数字证书，因此可以轻松验证任何授权用户的交易，这是数据权限管理的关键。数据提供方具有数据所有权，区块链用户（A）以区块链平台作为中介，通过发送公钥 A 确定自己身份，并报送数据请求；区块链平台作为中间方，在整个区块链进行广播寻找所需数据的所有者（B、C），数据所有者根据各自的密钥（私钥 B、C）分别与需求者（A）的公钥加密各自明文数据，返回给区块链平台；区块链平台再次请求提供密文数据的私钥，完成后开启仅用于多方安全计算的加密计算子链，计算任务完成后子链自动销毁，整个计算安全且高效。

区块链技术可以对数据服务调用的全流程进行鉴权取证，确保数据计算和利用合法合规，保证计算过程、所需数据的真实可信，有效破解数据流通难题，极大提升全社会各类组织的协同效率，并在此基础上，构建新的协作方式，创造新的分布式数据资产体系。

参考文献

［1］徐冠华.实施科学数据共享增强国家科技竞争力［J］.中国基础科学,2003(01):7-11.

［2］金红亚.浅谈 Dialog 与 Internet 网的关系［J］.情报理论与实践,1996(02):35-38.

［3］陆健英,郑磊,Sharon S D.美国的政府数据开放:历史、进展与启示［J］.电子政务,2013 (06):26-32.

［4］张玉良,钱华林,阎保平,等.中国科技网的建设与应用［J］.华东科技,1998(07):14-16.

［5］刘闯.美国国有科学数据共享管理机制及对我国的启示［J］.中国基础科学,2003(01): 36-41.

［6］Federal CIO Council. Federal Enterprise Architecture Framework［S］. 2nd ed. NewYork:Federal CIO Council,2013.

［7］王璟璇,于施洋,杨道玲,等.电子政务顶层设计:FEA 方法体系研究［J］.电子政务,2011 (08):19-29.

［8］孙彩萍,王维.美国 FEA 框架和数据中台技术在大气环境数据资源共享中的应用［J］.环境工程技术学报,2020,10(06):951-956.

［9］April Reeve. 大数据管理:数据集成的技术、方法与最佳实践［M］.余水清,潘黎萍,译.北京:机械工业出版社,2014:10-12,34,128.

［10］耿庆斋,安波,朱星明.基于元数据的水利科学数据汇交体系研究［J］.水利水电技术, 2009,40(05):81-85.

［11］赵瑞雪.农业科学数据共享中数据汇交与管理研究［J］.科技管理研究,2009,29(08):284- 286.

［12］孙彩萍,王维,张亚青.面向业务驱动的大气环境数据资源分类体系及应用研究［J］.环境工程技术学报,2021,11(01):41-47.

［13］江西省质量技术监督局.DB 36/5981-2017 电子政务共享数据统一交换平台技术规范 ［S］.南昌:江西省质量技术监督局,2017.

［14］王舒,王红,宋晓丹.科研数据的知识产权保护与许可机制研究［J］.图书馆论坛,2016,36 (04):65-71.

［15］付伟,于长钺.数据权属国内外研究述评与发展动态分析［J］.现代情报,2017,37(07): 159-165.

［16］刘润达,孙九林,廖顺宝.科学数据共享中数据授权问题初探［J］.情报杂志,2010,29 (12):15-18.

［17］曹建峰,祝林华.欧洲数据产权初探［J］.信息安全与通信保密,2018(07):30-38.

［18］石蕾,刘娟,王健.国家科技资源共享服务平台对科技创新支撑作用的研究［J］.中国科技

资源导刊,2017,49(06):88-93.

[19] 杨兴川,赵文吉,熊秋林,等.2016 年京津冀地区 $PM_{2.5}$ 时空分布特征及其与气象因素的关系[J].生态环境学报,2017,26(10):1747-1754.

[20] 任阵海,万本太,虞统,等.不同尺度大气系统对污染边界层的影响及其水平流场输送[J].环境科学研究,2004,17(01):7-13.

[21] 张梦娇,苏方成,徐起翔,等.2013—2017 年中国 $PM_{2.5}$ 污染防治的健康效益评估[J].环境科学,2021,42(02):513-522.

[22] 孙彩萍,孙启宏,王维,等.固定源大气污染物监管技术框架及应用研究[J].环境工程技术学报,2019,9(06):741-747.

[23] 薛志钢,杜谨宏,任岩军,等.我国大气污染源排放清单发展历程和对策建议[J].环境科学研究,2019,32(10):1678-1686.

[24] 周勇,秦长城,余红燕.基于数据中台的企业赋能体系构建:以通威股份为例[J].管理会计研究,2019(06):79-86,88.

[25] 邓立君.数据中台与大数据中心分析[J].电子世界,2019(22):85-86.

[26] 高国伟.阿里巴巴技术中台的"云启示"[J].项目管理评论,2018(17):26-27.

[27] 车品觉.建设数据中台 赋能创新改革[J].新经济导刊,2018(10):23-24.

[28] 艾瑞咨询研究院.2021 年中国数据中台行业白皮书[R/OL].(2021-04-14)[2021-05-02].https://coffee.pmcaff.com/article/13696890_j.

[29] 刘童桐.数据中台建设中最重要的事[J].通信企业管理,2019(7):25-27.

[30] 谭虎.详解阿里云数据中台[N].中国信息化周报,2019-10-28 (014).

[31] Thought Works.数据中台调研报告[R/OL].北京:Thought Works,2020.

[32] 金磐石.分布式架构在银行核心业务系统的应用[J].计算机系统应用,2017,26(6):46-51.

[33] 金牛.数据治理怎么做[EB/OL].(2018-10-27)[2021-03-14].https://blog.csdn.net/cqacry2798/article/details/83445593.

[34] 木东居士.美团酒旅起源数据治理平台的建设与实践[EB/OL].(2020-04-12)[2021-03-24].https://blog.csdn.net/zhaodedong/article/details/105479883.

[35] Zhang zhongzhong.数据仓库主题设计及元数据设计[EB/OL].(2016-04-15)[2021-03-12].https://blog.csdn.net/zhangzhongzhong/article/details/51161869.

[36] 刘越男,杨建梁.面向电子文件保存的统一元数据模型的构建[J].中国图书馆学报,2017,43(02):66-79.

[37] 刘桂锋,张贵香,梁炜.面向上下文感知的科研数据 5W1H 元数据模型构建及关联研究[J].图书馆学研究,2020(23):32-42.

[38] 曹世宏.SAN 技术及应用[EB/OL].(2018-05-17)[2021-04-27].https://cshihong.blog.csdn.net/article/details/80349383.

[39] 马鹏飞,刘志飞,拓守廷,等.国际大洋钻探科学数据的现状、特征及其汇编的科学意义[J/OL].地球科学进展,2021,36(6):1-20.

[40] 吕雪锋,程承旗,龚健雅,等.海量遥感数据存储管理技术综述[J].中国科学:技术科学,2011,41(12):1561-1573.

［41］主流分布式存储技术的对比分析与应用［EB/OL］.（2019－06－03）［2021－04－08］.ht-tps：//blog.csdn.net/weixin_43618070/article/details/90755070.

［42］张晓,张思蒙,石佳,等.Ceph 分布式存储系统性能优化技术研究综述［J］.计算机科学,2021,48（02）：1－12.

［43］中国人民银行.JRT0196－2020 多方安全计算金融应用规范［S］.北京：中国人民银行,2020－11－24.

［44］人工智能学家.云计算深度报告：算力时代迎巨变［EB/OL］（2018－10－06）［2021－05－06］.https：//blog.csdn.net/cf2SudS8x8F0v/article/details/82955384?.

［45］华为云.解读下一代网络：算力网络正从理想照进现实［EB/OL］.（2020－11－23）［2021－04－15］.https：//blog.csdn.net/devcloud/article/details/109988129.

［46］中国通信协会.算力网络前沿报告［R］.北京：中国通信协会,2020.

［47］谢杨易.深度学习模型训练痛点及解决方法［EB/OL］.（2018－04－16）［2021－04－19］.ht-tps：//blog.csdn.net/u013510838/article/details/79835563.

［48］陈迪豪.打造企业级云深度学习平台：小米云深度学习平台的架构设计与实现［EB/OL］.（2017－06－07）［2021－04－25］.https：//blog.csdn.net/heyc861221/article/details/80129874.

［49］机器之心（北京）科技有限公司.腾讯大数据将开源高性能计算平台 Angel［EB/OL］.（2016－12－29）［2021－05－25］.https：//zhuanlan.zhihu.com/p/24461574.

［50］高德技术.高德算法工程一体化实践和思考［EB/OL］.（2020－02－27）［2021－04－23］.ht-tps：//blog.csdn.net/amap_tech/article/details/104549295.

［51］百度在线网络技术（北京）有限公司.共享算法的方法和装置［P］.2019－02－13,2020－08－21.

［52］袁勇,王飞跃.区块链技术发展现状与展望［J］.自动化学报,2016,42（4）：481－494.

［53］Harry Wong.利用区块链进行数据安全共享的思考［EB/OL］.（2020－08－18）［2021－05－07］.https：//blog.csdn.net/JonasErosonAtsea/article/details/109236416.